歴史文化ライブラリー

250

観音浄土に船出した人びと

熊野と補陀落渡海

根井 浄

目　次

補陀落渡海した人びと

補陀落渡海の遺跡

1　補陀落渡海

補陀落渡海——プロローグ

井上靖の『補陀落渡海記』

昭和の文豪、井上靖《いのうえやすし》は『補陀落渡海記《ふだらくとかいき》』という短編小説を書いている。金光坊という一僧の補陀落渡海を決行するまでの心理的苦悩を主題とした小説である。補陀洛山寺代々の住職は、南方海上にあると想像された観音浄土を目指し、生身のままで出帆する慣わしがあったというが、金光坊は周囲から追い詰められ、逃れられない立場にあった。『補陀落渡海記』は、その金光坊の死に向かう恐怖と葛藤を描いた問題作として知られている。小説の中で、金光坊の補陀落渡海は永禄八年（一五六五）となっているが、これはあくまでも虚構の年次である。また井上靖『補陀落渡海記』の種本は、昭和三十六年（一九六一）に熊野の郷土史家から提供された『熊野年代記』他の史料であった。井上靖は、これらの文献を考証し、金光坊の補陀落渡海を永禄八年に設定したのである。では金光坊とは誰か、どのような伝承であったのであろうか。

金光坊の補陀落渡海

時は十六世紀末葉と思われる――補陀落渡海の歴史の中で一つの事件がおきた。場所は熊野那智《くまのなち》の海岸である。補陀洛山寺の住職であったという金光坊が補陀落渡海をおこなうことになった。しかし、金光坊は死を厭《いと》い、命を惜《お》しみ、補陀落渡海を拒否した。補陀洛山寺の住職たちには、一説として六十一歳になったら補陀落渡海を断行しなければならない運命があったようであるが、文献的には根拠がない。それはさておき、渡海の介添えであった役人たちは、金光坊を無理やりに海中に沈めた。この事件以来、生きながらの補陀落渡海は中止されたという。

金光坊の渡海拒否事件は、寛政六年（一七九四）開板の玉川玄竜著『熊野巡覧記』に次のように伝える。著者玄竜は和歌山古座《こざ》村に住居し、別名を武内玄竜と称した文化人である。

此寺《このてら》（補陀洛山寺）の住職にても有りけん、今も古来の儀式とて此寺住持僧死期に臨みて舟に乗せ海中へ水葬し、補陀楽渡りと云由《いうよし》、中比《なかごろ》金光坊という云僧住職の時、例の如く生きながら入水《じゆすい》せしむるに、此僧甚《はなは》だ死をいとい命を惜《お》しみけるを、役人是非なく海中へ押入《おしいれ》ける。是《これ》より存命の内に入水する事止りぬ。今に金光島とて綱切島《つなきりじま》の辺に有《あり》。今は住僧入寂《にゆうじやく》の後に其儀式有と申《もうし》伝ふ。

金光坊が実際に補陀洛山寺の住職であったのか、あるいは実際に渡海（入水）を拒否して海中に沈められたのか、他の文献で確証を得ることはできない。しかし、金光坊入水拒否の話から、生きながら渡海するという行儀が歴然として残っていたことに注意を向けなければならないだろう。補陀落渡海の歴史を構築する多くの渡海僧の中で、なお一人、那智湾の沖に「金光坊島」となって彼の名前が伝えられていることは、ここが衝撃的な補陀落渡海がおこなわれたことを何よりも表明している。金光坊の入水は、生身のままで決行された中世補陀落渡海の終焉を告げるものであった。

金光坊の亡霊ヨロリ

地元の伝承によると、無理やりに海中に沈められた金光坊の霊が「ヨロリ」と呼ばれる魚となって周辺の海に棲息するといい、あるいは死骸を食べる細長いこの「ヨロリ」が金光坊の生まれ変わりと伝える。このような伝承は明治末期にも確認されており、博物学者として知られる南方熊楠《みなかたくまぐす》は「ふだらく走り」（『日本及日本人』七八九号、大正九年〈一九二〇〉という一文の中で、田中茂穂氏の伝承談として次のように書いている。

紀州東牟婁《むろ》郡那智村浜の宮なる南海補陀洛寺の例《ためし》として、住職死に瀕《ひん》する時、舟に乗せ、大勝浦の沖で不断白き荒浪を被《かぶ》りおる綱切島という小岩島へ伴《つ》れ行き、綱を切り水葬した。後にはそれより近き金剛坊《こんごうぼう》という小島へつれ行きて水葬した。かく死に切らぬうちに水葬された僧の亡霊が、ハマチとスズキを混じたようなヨロリという魚に生まれ、三木の崎と潮の岬の間を限って棲《す》む、と聞いた。

金光坊の生まれ変わりという「ヨロリ」について熊楠は、ハマチとスズキを混ぜたような魚というが、学名は「クロシビカマス」という黒肌・白身の魚である。今も漁師の網にかかるというが、地元では積極的に食物とはしない。いずれにせよ、金光坊の入水以降、現身を海中に捨てる慣習はなくなったといい、玉川玄竜は「是より存命の内に入水する事止まりぬ」と書いている。さらに、玄竜は補陀洛山寺僧の渡海の様子を書き記し、「補陀洛寺の住僧、生きながら水葬するは辺鄙《へんぴ》の悪風俗《あくふうぞく》と謂《いう》べし。太平の御代《みよ》に有《ある》べき事に非《あら》ず」と、儒教思想を踏まえて補陀落渡海を批判した。たしかに補陀落渡海は時代に逆行する現象として捉え始められていた。したがって、金光坊の入水事件以来、補陀落渡海の形態・行儀は大きく変容するようになり、やがて補陀洛山寺住職の末期《まつご》の水葬儀礼が補陀落渡海と呼ばれるようになった。

フダラクとは、古代インドの文語（梵語《ぼんご》）「Potalaka」（ポータラカ）の音写であり、補陀落・補陀洛・普陀洛とも漢訳される。フダラクは端的にいえば観音菩薩が住む浄土の世界である。現実の世界として、中国の長江《ちょうこう》（揚子江《ようすこう》）河口に浮かぶ舟山《しゅうざん》諸島の普陀山であるとか、インドの南海岸にある海島とも想像された。日本では和歌山県南部の熊野那智山、高知県の室戸岬や足摺岬、九州の有明海など、上に霊峰をいただき水平に連なる滄海《そうかい》が補陀落山に擬せられ、補陀落渡海の出帆基地となった。

補陀落世界

補陀落渡海とは、このような南方海上にあると想像された補陀落世界に往生を願い、または真の観音浄土を目指して船出する宗教的実践行である。観音に対する真剣な信仰表出であり、漂着・入水の形態をとっておこなわれた。文献史料によると、九世紀半ばすぎから十八世紀初頭まで、断続的、あるいは集中的におこなわれた。

補陀落渡海と熊野

補陀落渡海の跡地は、北は高海上人が出帆した茨城県那珂湊《なかみなと》の海岸から、南は舜夢《しゅんむ》上人の補陀落渡海の石碑を伝える鹿児島県の加世田《かせだ》にいたる領域に多くある。なかでも和歌山県の熊野那智の海岸は、補陀落渡海の日本最大の母港であった。その海岸線の奥にたたずむ補陀洛山寺は、補陀落渡海の歴史を語り

図1　補陀落の浜（和歌山県那智海岸、楠本弘児撮影）

続けている寺院である。

熊野といえば平安時代に隆盛を見た「熊野《くまの》詣《もうで》」が有名である。平安時代後期の公卿で中御門右大臣ともいわれた藤《ふじ》原宗忠《わらのむねただ》は、天仁二年（一一〇九）に熊野三山（現在の熊野本宮大社・熊野速玉《はやたま》大社・熊野那智大社）に参詣したとき、那智の海岸が「補陀落浜」と呼ばれていたことを自分の日記『中右記《ちゅうゆうき》』に書いている。さらに『平家物語』は、平維盛《たいらのこれもり》一行が熊野三山参詣のあと、寿永三年（一一八四）三月、那智の海に浮かぶ山成島に身を沈めたと語る。有名な平維盛の入水往生譚である。人間の壮絶な死の瞬間を描写しており、誰もが哀憐をおぼえる物語りである。維盛の入水往生も熊野那智の補陀落信仰を抜きにしては説明できないだろう。

　補陀落渡海は水葬や捨身《しゃしん》や入水往生など多面的な性格を持ち合わせていた。多くの人びとの耳目を奪ったこの行為は、十六世紀に隆盛を見せ、衆目の的となっていた。補陀落渡海は観音浄土を現世に求め、あえて生身のままで海を渡っていく点に本義があるだろう。現実的には死の形態をとりながらも、実は生に裏打ちされた実践行であった。

　生きながら観音浄土へ——観音菩薩の浄土・補陀落世界に魅せられて、多くの修行者や人びとが小舟を仕立て、太平洋の南方海上の彼方に消えていった。これが日本宗教史上における希有な現象として知られる補陀落渡海である。

　本書は、補陀落渡海の本源・展開・変容・継承・本質について私見を述べたものである。補陀落渡海を決して猟奇的に見るのではなく、補陀落信仰の完結者として勇猛果敢《ゆうもうかかん》に「南方往生」を企てた人間の大先輩たちをできるだけ多く紹介しようと思う。

熊野への旅

蟻の熊野詣

熊野三山

和歌山県の南端に位置する熊野《くまの》地方は、『日本書紀』（神代巻）に伊弉冉《いざなみの》尊《みこと》の葬送伝承が語られ、常世《とこよ》の国・黄泉《よみ》の国・妣《はは》の国として他界観念の強い聖域であった。この広い地域一帯には、熊野坐《います》神社（現在の熊野本宮大社《ほんぐうたいしゃ》）・熊野速玉《はやたま》神社（現在の熊野速玉大社）・熊野夫須美《ふすみ》神社（現在の熊野那智《なち》大社）が鎮座し、熊野三山、または熊野三所と呼ばれた。三社はそれぞれ別々の発祥と信仰を持って独立していたが、十一世紀半ばごろから祭神を共有する「熊野三所権現《ごんげん》」として三社鼎立《ていりつ》の連合体を形成したといわれる。

このような熊野は、永観二年（九八四）の『三宝絵《さんぼうえ》』に「山カサナリ、河多シテ、ユク

図２　山伏の熊野詣（『芦引絵』より、逸翁美術館所蔵）

ミチハルカナリ。春ユキ秋来テ、イタル人マレ也。山ノ麓ニヲルモノハ、コノミヲヒロイテ命ヲツグ」とあり、静寂な原風景を有していた。院政期になると、白河《しらかわ》・鳥羽《とば》・後白河《ごしらかわ》・後鳥羽《ごとば》上皇の四代にわたる約一世紀に百回を超える熊野御幸が現出し、法皇・上皇・貴族はもとより、民衆の末々まで熊野詣がさかんとなった。九条兼実《くじょうかねざね》は、日記『玉葉《ぎょくよう》』文治四年（一一八八）九月十五日条に、天王寺詣でにことよせて「人まねのくまのまうて」とやや風刺を交えていい切っている。また、後世には「蟻の熊野参り」（『太閤記《たいこうき》』）、「ありのとわたり」（『倭訓栞《わくんのしおり》』）、「蟻の熊野詣」（『倭訓栞』）という俚諺《りげん》が生まれた。

熊野諸手船《くまのもろたぶね》・熊野水軍・熊野三山検校《けんぎょう》・熊野別当《べっとう》・熊野懐紙《かいし》・熊野王子《おうじ》・熊野曼陀羅《まんだら》・熊野本

地絵巻・熊野比丘尼など、熊野を冠する語は、どれをとってみても日本歴史や文化のほとんどを包摂する用語といってもよいだろう。熊野という、その言葉の響きは山を表象し、海を表徴し、日本の歴史文化を語るのに充分である。

熊野の参詣道

熊野三山に詣でる道には、京の都を起点として伊勢国に入り、そこから南下する伊勢路《いせじ》と、都から摂津《せっつ》・和泉《いずみ》国を南下する紀伊路《きいじ》とがあった。そして、紀伊国田辺《たなべ》から左折して滝尻に入り、山路を超えて本宮に向かう道は中辺路《なかへち》といわれ、このルートが最も多く利用された。後白河法皇撰『梁塵秘抄《りょうじんひしょう》』（巻二）には、「熊野へ参るには紀路と伊勢路のどれ近しどれ遠し、広大慈悲の道なれば紀路も伊勢路も遠からず」という今様歌があり、熊野詣の功徳《くどく》をみごとに詠みあげている。この間の各地には地名を冠称した熊野王子社があり、俗に熊野九十九王子《くじゅうくおうじ》と呼ばれた。王子社は熊野三山の末社、あるいは熊野神の御子神《みこがみ》（子どもの神）、または、地元住民の土俗神を祀るともいわれ、諸説あって詳らかではない。しかし、宿泊可能な施設を備えた王子社もあり、しばしば上皇や貴族たちは各地の王子社で歌会を催した。そのおり詠まれた歌を書いた懐紙《かいし》は熊野懐紙と呼ばれた。

図3　熊野の参詣道（那智山大門坂）

熊野詣の準備

平安時代の中期、白河・鳥羽・後白河・後鳥羽上皇を中心として紀伊国の熊野三山（本宮・新宮・那智）への参詣が盛んとなった。世情を凝視していた慈円《じえん》は、『愚管抄《ぐかんしょう》』に「白河院の御時、御《み》熊野詣でといふことはじまりて、たび〳〵参らせをはしましける」と書いている。時代の変化を突いた慈円の記述である。この現象は「熊野詣」といわれ、後世「蟻の熊野詣」という俚諺が生まれたほど、長年にわたっておこなわれた集団による寺社参詣であった。

熊野詣の事前には、四日から七日間の厳重な精進《しょうじん》生活が求められた。具体的には注連縄《しめなわ》をはった精進小屋に忌み籠もり潔斎《けっさい》することであった。人の死穢《しえ》はいうまでもなく、動物の死穢があった場合にも参詣は断念しなければならなかった。この間、参詣の案内を務める先達の指導によって都の諸社で奉幣《ほうへい》・禊《みそぎ》・祓《はらい》・経《きょう》供養《くよう》をおこない、さらに葱《ねぎ》・韮《にら》・鳥・魚などの葷《くん》や腥《せい》を断った。藤原為房《ためふさ》は熊野詣にのぞんで、「一昨日より魚味を食わず」（『為房卿記』永保元年〈一〇八一〉九月十七日条）と書いている。『中右記《ちゆうゆうき》』の記主藤原宗忠《ふじわらのむねただ》は、犬死穢や叔父の死穢が重なり、二十八年間も熊野参詣の中止を余儀なくされたことがあった。

熊野詣の前行として厳重な精進潔斎が要求された根底には、潜在的な罪《つみ》・穢《けがれ》や禊・祓の信仰があったからであろう。平安期の早い熊野詣の紀行文として知られる『いほぬし』を書いた増基《ぞうき》法師は、「世のなかにき丶ときく所々、おかしきをたづねて心をやり、かつは、たうときところぐおがみたてまつり、我身のつみをもほろぼさむとする人有《あり》けり。いほぬしとぞいひける。神無月の十日ばかり熊野へもうでける」と、熊野詣を企てた心境を吐露している。

熊野詣の病者

華やかな上皇・女院《によいん》・貴族たちの熊野詣は記録に残った。だが、それをもって熊野詣のすべての歴史事実とするわけにはいかない。記録に残らなかった無名の人びと、ことのほか身に病を受けた人びとの、信仰に裏打ちされた切実な治癒祈願としての熊野詣があったことを忘れてはならないだろう。

藤原実資《ふじわらのさねすけ》の日記『小右記《しようゆうき》』長和三年（一〇一四）二月九日条には「中納言隆家、自病

により熊野に参る」とあり、藤原隆家が病気治癒のため熊野参詣をおこなったことがわかる。隆家の病は眼病であった。隆家は万寿二年（一〇二五）二月にも娘（式部卿宮敦儀《あつのり》親王の室）の胸の治病祈願として熊野に詣でている。人びとの熊野詣の目的は現世利益《げんせりやく》に集約できるが、その具体的な例の一つとして病気治癒祈願があったことを知ることができる。

藤原宗忠の日記『中右記』には、岩上王子《いわがみのおうじ》の記事として「社辺に盲者あり、田舎より御山に参るといへり」とあり、ここにも目を患った無名の参詣者がいた。藤原定家《ていか》の『後鳥羽院熊野御幸記』建仁元年（一二〇一）十月八日条にも「松代《まつしろ》王子に参る（盲女あり、子を懐く）」とある。松代王子（和歌山県海南市）で乳飲み児を抱いた盲女を定家は見たのである。定家はよほど彼女のことが忘れられなかったのであろう、「有盲女懐子」の五文字は熊野詣を終えた定家が帰洛して追筆、注記したのであろう。それだけに乳飲み児を抱いた盲女の姿が痛々しく彷彿される熊野詣のもう一つの実態を伝えている。

熊野詣には、このような病者の存在と霊場《れいじょう》参詣があったことがわかるが、特に盲者の熊野詣は多くを数えたと思われ、鎌倉中期の説話集『古今著聞集《ここんちょもんじゅう》』（巻一）には、一本の灯火を持って熊野に参る「盲人熊野社に祈請して開眼の事」の一段がある。また正和二年（一三一三）の『玉葉和歌集』（巻二十・神祇歌《じんぎか》）には、「待ちわびぬいつかはここに紀の国や牟妻《むろ》の郡《こおり》ははるかなれども」という熊野権現の詠歌がある。詞書によれば、この歌は、三歳になる病気の子どもを持つ九州筑紫《つくし》国の両親が、治病の願書を書いて熊野参詣を企てていたが、その後は怠り続け、七歳にふたたび重病になったときに熊野神から受けた託宣であったという。平安期からあらわれる熊野権現の治病霊験は、遠く九州まで長期間にわたって知られていた。

梛の葉

熊野詣には、さまざまな道中作法や慣習があった。おそらく先達となった山伏たちが管掌、統轄していたのであろう。まずもって熊野詣には魔除《まよけ》や護符として梛《なぎ》の葉を笠や髪に挿すことがあった。『為房卿記』に「切戸山において奈木葉を取り笠に挿す」とあり、切目山《きりめやま》（和歌山県印南《いなみ》町）の梛の葉は有名であった。『梁塵秘抄』（巻二）には「熊野出でて切目の山の梛の葉し万《よろず》の人のうはき（上被カ）なりけり」と詠まれている。梛は熊野の神木《しんぼく》といわれ、藤原定家は「ちはやぶる熊野の宮のなぎのはをかはらぬ千世のためしにぞおる」（『拾遺愚草《しゅういぐそう》』）と、梛の葉に来世の幸をよせた歌を詠んでいる。梛の葉は『諸山縁起』によると、荒れ乱れる山神が近付くことを避け、熊野三山の護法神という金剛童子の三昧耶形《さんまやぎょう》（諸尊の持物）といわれた。近松門左衛門の古浄瑠璃『霊山国阿上人《こくあしょうにん》』に登場する熊野比丘尼の歌「こんどござらばもてきてたもれ、みつのお山のなきのはを」も全国各地に伝わった梛の葉の流行歌であった。

御幸人の連署

熊野詣の慣習としてさらに注目されることは、王子社の拝殿板に参詣人の名前を墨書した点である。御幸人《ごこうにん》の連署《れんしょ》といわれた。特に岩代《いわしろ》王子での連署は有名であった。建仁元年（一二〇一）『後鳥羽院熊野御幸記』には「磐代《いわしろ》王子に参る……此の拝殿板に毎度御幸人の数を注せらる（先例と云々）」とあり、承元四年（一二一〇）『修明門院《しゅうめいもんいん》熊野御幸記』には「此の所の拝殿［鰭《ひれ》］板に連書の事有り、代々の例也」とある。重ねて応永三十四年（一四二七）『熊野詣日記』には「岩代の王子……此王子にて御幸の時は、御先達ならひに御導師以下供奉の人々の名字を書きて、拝殿の板に打付らる、事あり」と見える。御幸人の連署は文献上でも十三世紀初期から十五世紀中期にいたる二百五十数年間も不変であったことが理解できる。そしてなお御幸人の連署は、那智の浜宮社、那智滝下の拝殿・如意輪堂《にょいりんどう》（現在の青岸渡寺《せいがんとじ》）の南廊でもおこなわれた。

社堂の板壁や柱に文字や和歌を書き付ける例として、藤原定家は発心門王子《ほっしんもんおうじ》の隣にあった尼僧「南無房」の門柱に「入《い》り難《がた》き御法《みのり》のかとは今日《きょう》過《す》ぎぬ今より六《む》つ（六道《ろくどう》）の道にかへすな」と書いた（『後鳥羽院熊野御幸記』）。西行も八上王子を拝し、「待《まち》来《き》つる矢上の桜咲にけり荒くおろすな三栖《みす》の山風」と斎垣《いみがき》の板に書き付けたことがあった（『山家集』）。

『西行物語絵巻』にも見える有名な場面である。一遍上人も陸奥《むつ》国白河において西行の詠歌を思い出し、「ゆく人を弥陀のちかひにもらさしと名をこそとむれしらかはのせき」と関屋の柱に一首を書き付けた（山形光明寺本『一遍上人絵伝』）。

濡れ藁沓の入堂

熊野詣には「濡《ぬ》れ藁沓《わらくつ》の入堂」という参拝がおこなわれた。貴紳の正式参拝には、沐浴斎戒《もくよくさいかい》して装束を改め、威儀を正して参拝するのが常識であったろうが、熊野では体臭がついた旅装束と土塊にまみれた草鞋《わらじ》ばきの参詣が許された。藤原定家は『後鳥羽院熊野御幸記』に「御幸に御共して宝前に参る（公私是云、ぬれわらう〈く〉つの入堂云々）」と書いている。一見、特異そうな参拝は、『頼資卿熊野詣記』に「本宮に参著す、塗（濡）藁沓の巡礼」（建保四年〈一二一六〉三月二十日条）、「予、塗（濡）藁沓の礼拝」（寛喜元年〈一二二九〉十一月六日条）とある。また、応永三十四年（一四二七）の『熊野詣日記』にも「すくにまつ御はしり入堂あり（これをぬれわら沓の入たうと申す）」とあって、「濡れ藁沓の入堂」は「走り入堂」ともいわれた伝統的な参拝方法であった。

濡れ藁沓とか泥草鞋での参拝や屋敷・家宅への押し入りは不敬、無礼な行為であり、戦国期にはしばしば合戦や喧嘩争論の火種となった。だが熊野三山の参拝では問題にされなかった。平安後期の公卿・徳大寺《とくだいじ》実能《さねよし》（藤原実能）が藁沓で熊野参詣したことを語る『古今著聞集』（巻第二）には、熊野権現の夢告《ゆめのつげ》として「大臣の身にて、わら沓はゞき（脛巾）してまいる、ありがたき事に思はるゝ事、此山のならひは院・宮みなこの礼なり」と歓迎している。熊野の「濡れ藁沓の入堂」は特別な参拝方法ではなく、普段の、地元住民の参詣姿であったと思われ、それを貴紳たちも真似たのであろう。あえて「濡れ藁沓の入堂」という言葉があったところに特色があり、また貴紳貧富・老若男女を問わない大らかな熊野信仰の庶民性がかいま見られて興味ふかい。

熊野詣の進発にあたって厳重な精進潔斎が求められ、道中安全として梛の葉を笠や髪に挿したことはすでにふれたが、参詣を終えた帰洛の一歩手前では京都伏見の稲荷社に参拝するのが慣例であった。ここでは「護法《ごほう》送り」と称した儀礼があり、道中に付けていた梛の葉に代えて稲荷社の神木・椙（杉）を腰に付けて入京したという。定家は無事に帰宅して、「洗髪、沐浴了《おわっ》て寝に付く、今夜魚食」と世俗に戻った大きな溜息を日記に書いている。

道中作法の謂

人びとの熊野詣の一挙手一投足には、それぞれ教義や意味が説かれるようになった。たとえば、『平家物語』が語る平維盛《これもり》熊野参詣の一節には

「岩田河にもかゝり給ひけり。この河のながれを一度わたるものは、悪業煩悩《あくごうぼんのう》無始《むし》の罪障《ざいしょう》きゆなる物を」と見え、同じように『熊野詣日記』は岩田川（富田川）の渡りについて「悪業煩悩の垢をすゝきましますいはれなり」と記す。岩田川の水に足を濡らして渡ることに意義があり、それは禊《みそぎ》と等しかった。

熊野詣の普遍的な慣習であった潮垢離《しおごり》や川垢離《かわごり》にも教説が唱えられた。たとえば、潮垢離について『熊野縁起』（仁和寺《にんなじ》蔵）は、「清浄地、浜ノ塩ヲ浴ルハ悪業煩悩ヲ洗除《せんじょ》ス、祓《はらい》スベシ」と記し、各地での川垢離については、「滝尻《たきじり》、水浴スル事ハ、右河ハ観音ヲ念テ浴シ、左河ハ薬師ヲ念テ休ム可シ」、「近露《ちかつゆ》ノ水ハ現世ノ不浄ヲ祓フ」、「湯河の水ハ未来ノ罪垢《ざいく》ヲ告ク」などと、その謂《いわれ》を記載している。また、『熊野詣日記』に「午のこくに浜の宮に御つき……この浜にてむかし御幸なとには、いさこの御衣の袖につゝませ給て、なちの社壇の御まへと滝もとの千手堂の瑠璃たんとに、御まきある事あり」と見え、浜の宮海岸の砂を那智の社壇と滝本千手堂に撒いたという。続けて「かやうの事ハふるさまの儀なれハいまはなし」として、この慣習が途絶えたとするが、これも海水を含む砂に清めの意味があったのであろう。

熊野詣に使用された松明《たいまつ》にも教義が説かれた。それは「生死《しょうじ》の迷闇を照らして、菩提の門に道引（導く）儀なり」（『熊野詣日記』）といわれた。熊野詣の人が手にした扇についても、那智山の「かくだう」なる僧が「千手の御体といふやうなり。必ず利生《りしょう》あるべし」（『とはずがたり』）と言説しており、扇は千手観音《せんじゅかんのん》菩薩の御正体《みしょうたい》といわれた。

熊野本宮の近隣に連なる湯峰《ゆのみね》温泉も古い言い伝えを持っていた。『中右記』には「谷底に温湯、寒水ならび出る、誠に希有の事なり、神験に非《あら》ざれは豈《あに》かくの如き事あらんや、此の湯に浴する人、万病を消除すといへり」とあり、湯の効能が熊野権現の神徳であることを説いている。また、藤原頼資は「湯峰を拝し沐浴す、驪山《りざん》の温泉に異ならず」（『頼資卿熊野詣記』）と書いており、秦《しん》の始皇帝が瘡《かさ》を治療したという中国陝西《せんせい》省の驪山温泉と並べ評している。熊野詣のおりに利用された湯峰温泉は、餓鬼となった小栗判官《おぐりほうがん》の病を治したという説教本『をぐり』「小栗判官と照手姫《てるてひめ》」哀話の成立をすでに平安期に準備していた、といわねばならない。

熊野詣の掟

熊野三山へ詣でた藤原宗忠は、参詣を終えて都に帰る女房たち三人が日高川を渡るのに困っているのを見つけ、馬を差し出して助けてやったことがあった。また、菓子を与えたという。すなわち、『中右記』に「日高川を渡る（河水大出）、下向《げこう》の女房両三人、河岸に居る、誰人か知らず、よつて馬を遣し渡す、又菓子等を送る」

とある。宗忠自身の優しさと同時に、熊野参詣道上では人の救済と食糧の施しを功徳とする精神があらわれている。宗忠は石上王子で出くわした盲者にも食を提供した。繰り返し『中右記』の記事を示すと、「社辺に盲者あり、田舎より御山に参るといへり」に続けて「食絶ゆるの由を聞き食を給ふ」とある。信仰の一念に支えられて熊野詣におよんだものの、飢渇に苦しむ一人の人間に食を施したのである。

また、吉田経房の熊野参詣の先達を務めた慈修房定宗は、京都進発から以後も、各所において人びとに食糧を施したといい、滝尻王子では参詣を終え、食物を尽して下向する山伏たちに食を提供した。これを見た経房は、『吉記《きつき》』承安四年（一一七四）九月二十九日条に「山伏に食与ふるは記し尽すに遑《いとま》あらず、蓋《けだ》し後世の資粮《しろう》にあらず哉《や》」と書いており、飢餓に瀕した人びとへの食は「後世の資粮」（費用と食糧）と考えられ、施者にとっては最高の善根であった。

無遮の精神

熊野詣における施しは食糧ばかりではなかった。和泉国と紀伊国の境にあった雄《お》ノ山（現在の和歌山市）では、当時、無縁の者と呼ばれた弱者に対して多くの引き出物が提供された（『修明門院熊野御幸記』）。雄ノ山は定家が熊野参詣の帰路に「雨を凌ぎてヲレ（ノ）山」を越えた、と書いているところである（『後鳥羽院熊野御幸記』)。

熊野詣の道には無遮大悲《むしゃだいひ》・無遮平等の精神が敷かれていたに違いあるまい。かつて寺院教団では一切の人びとを制限することなく、誰人《たれびと》へにも財施《ざいせ》・法施《ほうせ》する無遮大会《だいえ》がおこなわれていた。『法然《ほうねん》上人絵伝』や『一遍《いっぺん》聖絵』には、弱者に対して食を与える場面が多く描かれている。とすれば、飢《う》え餓《かつ》えたわれわれが、急いで食を口にしたときにいう「ムシャ、ムシャ」とは決して擬音ではなく、施しを受けた「無遮、無遮」にたいする感謝の言葉であった、と思われる。

時代は下がるが、室町中期ごろの成立と考えられる親鸞《しんらん》伝記の一本『親鸞聖人御因縁』に、平太郎なる者が熊野参詣道において飢え餓えた人びとに食を施した話を載せている。その食とは「熊野参リニハ、ハヱ(蠅)トテ人ヲ扶置(扶持)スルナリ」と語る蠅そのものに譬えている。話全体は『本願寺聖人親鸞伝絵』(下巻)に見える常陸《ひたち》国の門弟、平太郎熊野参詣の異説であるが、たとえ一節が虚構としても、熊野詣において食糧を尽した人びとには食を与えなければならなかった。「熊野参りには蠅とて人を扶持する」といわれたのは、私意に推し量っても意外にも古い伝承と思われる。なお、熊野の蠅については、藤原定家が「南国の気か、蠅多く又夏の如し」(『後鳥羽院熊野御幸記』)と小さな生き物にも注意をはらった記事を書いている。

熊野詣において食を尽した人びと、身に病を受けた人びと、このような人びとに対する人道的救済と慈悲平等の精神は、功徳信仰として世にあらわれ、ことに熊野参詣の「道」では「熊野詣の習」「熊野詣の掟」として定着していたのではあるまいか。

熊野詣の情感

熊野詣は、難行苦行の陸路、辛苦悩乱《しんくのうらん》の水路を利用して続けられた旅であった。そして、那智沖の南海には補陀落世界に向かう海路が準備されていた。進発にあたって『熊野詣日記』は、「抑《そもそも》権現の紀伊国むろのこほり（牟婁郡）に、はる〳〵とあとをたれ給事ハ、川をへたて山をかさねて、参詣の衆生《しゆじよう》に難行苦行の功をつませて、此度《このたび》すみやかに出離得脱《しゆつりとくだつ》せさせんとと御ちかひなり」と熊野権現への旅の趣旨を述べている。『一遍聖絵』には「山海千重の雲路を凌《しの》ぎて、岩田河の流れに衣の袖を濯《すす》ぎ、王子数所の礼拝を致して、発心門の水際《みずぎわ》に、心の鎖《とざ》しを開き給ふ」と、一遍上人の熊野参詣の想いが綴られている。

熊野詣は、信仰に支えられて羇旅《きりよ》の苦難と詩情を味わう旅でもあった。参詣人たちの言葉をふたたび聴いてみよう。まずは山中にあった藤原宗忠は、「鹿瀬山を登る。坂を登るの間十八町、其の路、甚《はなは》だ険阻《けんそ》、身力已《すで》に尽す。林鹿遠く報《こた》え、峡猿近く叫《さけ》ぶ。物に触るるの感、自然に情を動かす」、「滝上坂を攀《よ》じ登り、十五町ばかり巌畔《げんはん》を踏み漸く行き登る。已に手を立てたるが如し。誠に身力尽き了《おわん》ぬ」と『中右記』に書き留めている。次いで熊野川の往路では「雨脚《あまあし》甚だ盛ん、蓑笠を著け舟中に踞《うずくま》る。水、大に舟を湛《ただ》し、衣裳甚だ湿《しめ》る。凡《およ》そ辛苦悩乱、堪忍すべきに非らず」と述べ、帰路では「舟差《ふなさし》ら棹を指し、舟に伏し音《ね》を揚《あ》げ大呼《たいこ》す。指舟《さしぶね》の体《てい》、誠に以て絶妙なり」と書き、一本の棹で参詣人の身命を操《あやつ》る船頭たちの腕を絶賛している。

熊野詣の山越えは、たしかに「終日、険阻を超ゆ、心中、夢の如し」と藤原定家が告白しているように、辛酸《しんさん》をなめる旅であり、参詣成就のおりはなおいっそうの感慨をおぼえる旅であった。『熊野詣日記』には「雨にあしつよく風も吹いてたり、およそ違乱なり、……しかるにいく程なくて難風たちまちにきたる、大方生涯のきはまりなり。……たゝ権現をふかくたのみてたてまつり、御舟をくたすにまかせたり」とあり、「さらぬたに」（そうでなくてさえ）「あやうきすき舟」（危険な杉舟）に乗って熊野道者は身命を託した。

本節の最後に熊野詣を成就した藤原宗忠の感慨（『中右記』裏書、天仁二年〈一一〇九〉十月二十六日条）を載せておこう。まことに味わい深い文章である。

予（宗忠）、往年（生年廿《はたち》の冬なり）熊野に参詣せんと欲し、仍《よっ》て精進を始む。此《この》廿《にじゅう》八年、本意を遂げざるなり。今日、幸ひに参詣の大望を遂げ、証誠殿《しょうじょうでん》の御前に参る。落涙抑《おさ》へ難《がた》く、随喜感《ずいきかん》(歓)悦《えつ》せり。抑《そもそ》も数日の間、遠く洛陽を出で、幽嶺《ゆうれい》を登り深《しん》谷《こく》に臨み、巌畔《げんはん》を踏み海浜《かいひん》を過ぐ。難行苦行し、存《あ》るが如く亡《な》きが如し。誠《まこと》に是《こ》れ生死《しょうじ》の嶮路《けんろ》を渉《わた》り、菩提《ぼだい》の彼岸に至るもの歟《か》。

熊野詣の記録を読んでいくと、そこには熊野の自然の形・色があり、香りが漂う。熊野信仰には、ほんらい教典も教義もなかったであろう。その意味で熊野詣の記録は、日本の原風景を包み込んだ真っ白な精神的遺産といってもよいだろう。

平維盛の入水往生

平維盛の周辺

平維盛《たいらのこれもり》、平清盛の孫、平重盛の長男である。平維盛は、源平争乱の一つ、治承四年（一一八〇）の富士川の戦いで潰走《かいそう》し、清盛の怒りをかった。翌年の尾張《おわり》国墨俣川《すのまたかわ》の戦いでは源行家軍を破り、従三位《じゅさんみ》に叙せられた。しかし、寿永二年（一一八三）越中国倶利伽羅峠《くりからとうげ》の戦い（礪波山《となみやま》の戦い）では源義仲に惨敗し、平家都落ちの誘因を作った。維盛は戦線を離脱し、讃岐《さぬき》国屋島《やしま》（現在の香川県高松市）に潜んでいたが、京の都に留めおいた妻子が偲ばれ、元暦元年（一一八四）屋島から脱出した。与三兵衛重景と十八歳の石童丸、それに舎人《とねり》の武里を召し連れ、阿波《あわ》国結城の浦から小舟に乗り、鳴門の浦を漕ぎ渡り、紀伊路に赴いたという。敗者の道を辿る平維盛について語る

『平家物語』（巻十）の一節である。

維盛たちは紀伊の湊（和歌の浦、一説に由良《ゆら》の湊）から高野山《こうやさん》へと向かい、かつて斎藤時頼と称し、横笛と情を交わした武士、すなわち、今は高野の聖《ひじり》となっていた滝口入道について出家した。その後、入道の案内で高野を下り、紀伊国東岸の熊野路《くまのじ》に入った。藤代王子をはじめとしていくつかの熊野王子を伏し拝み、千里浜の北、岩代王子の前で湯浅七郎宗光に出くわした。湯浅宗光はかつての平家の重臣、紀伊国保田庄・石垣庄の地頭《じとう》職に就き保田氏を称した武将である。父の湯浅宗重は源義朝の挙兵（平治《へいじ》の乱《らん》）を聞き、熊野参詣の途中であった清盛の元に馳せつけて支援した武将としてよく知られている。宗重は紀伊国湯浅党の祖である。この湯浅宗重の四女は平重国に嫁して明恵《みようえ》を生んだ。その明恵上人の弟子、実勝坊弁海が補陀落渡海《ふだらくとかい》することになるが、本節では、しばらく平維盛の足取りを追うことにしたい。

『平家物語』の維盛

熊野路を辿った維盛主従は、熊野本宮《ほんぐう》を参拝し、証誠殿にひざまずき、夜に入って「本地阿弥陀如来《ほんじあみだにょらい》にてましまます。摂取不捨の本願あやまたず、浄土へみちびき給へ」と祈った。明けて本宮から舟で新宮《しんぐう》に詣で、そして、那智の社殿に参詣した。覚一《かくいち》本『平家物語』の語りを聴くことにしよう。

本宮より舟にのり、新宮へぞまいられける。かんのくら（神蔵）をおがみ給ふに、巌松高くそびへて、嵐妄想の夢を破り、流水きよく流れて、浪塵埃《なみじんあい》の垢《あか》をすゝぐらんとも覚へたり。明日の社（飛鳥社《あすかやしろ》）をふしをがみ、佐野の松原さしすぎて、那智の御山にまいり給ふ。三重《さんじゆう》に張りおつる滝の水《みなぎ》、数千丈までよぢのぼり、観音の霊像は岩の上にあらはれて、補陀落山ともいいツべし。霞の底には法華読誦《どくじゆ》の声きこゆ、霊鷲山《りようじゆせん》とも申つべし。

『平家物語』はその後、安元二年（一一七六）、後白河院《ごしらかわ》五十歳の祝賀に「青海波《せいがいは》」（雅楽の曲名）を舞った維盛の姿容を語ることになるが、維盛主従はやがて、熊野三山を拝し那智海岸の近くに鎮座する「浜宮王子」に詣でた。浜の宮は補陀落渡海上人たちが渡海するとき深秘《じんぴ》の儀式をおこなった所である。その浜の宮の海岸沖には山成島が見え、維盛はここで入水《じゆすい》することになる。

維盛は浜宮王子の前から一隻の小舟に乗り込み、万里の蒼海に浮かぶ山成島に近づいた。山成島は「那智参詣曼荼羅《まんだら》」にも描かれる島である。その山成島に舟を漕ぎ寄せ岸にあがり、大きな松の木の樹皮を剥いで「祖父《おおじ》太政大臣平朝臣清盛公、法名浄海、親父《しんぶ》内大臣左大将重盛公、法名浄蓮、三位中将維盛、法名浄円、生年廿七歳、寿永三年三月廿八日、那智の奥にて入水す」と書き付けた。松木の樹皮を剥いで幹の白い部分に姓名・年齢を書き記したのである。松（木札）に姓名や年齢を書き残す作法は、のちにふれるように補陀洛山寺の上人たちが渡海のおりに書き付けた額札《がくさつ》・銘札《めいさつ》（位牌）の原型となるものである。その意味で『平家物語』に描かれる維盛の入水作法は補陀落渡海と無関係ではない。

『平家物語』はこのあと、美しい調べをもって人間としての維盛の煩悩を告白させる。そして、滝口入道の懇々とした説教が続き、その入道の説き諭す言葉の力によって平維盛主従は那智の海に身を沈めた。平維盛の終焉、入水往生の物語りである。『平家物語』に描かれたこの説話は、一種の散文詩であり、黒潮の海に身を踊らせた維盛の終焉に誰しも哀憐をおぼえるに違いあるまい。現在も補陀洛山寺の裏山にある維盛の供養塔が、ひっそりとこの話を守っている。

山成島と金島

平維盛たちが那智の浜宮海岸から一隻の舟に乗り込み、沖の島にあがったというその島の名は「山なりの島」であったという。覚一本『平家物語』はそのように語る。実際、現今の山成島に近寄ってみると、岩肌は太平洋の荒波に削られて露《あらわ》であり、『平家物語』が描写する島から幾星霜《いくせいそう》を経た島はずいぶん変貌したことであろう。そこで興趣を覚えることは、『平家物語』諸本が維盛の入水地について、それ

図4　山成島（和歌山県那智勝浦町）

ぞれ異なった島の名を語る点である。たとえば、延慶《えんぎょう》本や長門《ながと》本『平家物語』は、覚一本と同様に「山なりの島」とするが、屋代《やしろ》本・南都本は「奥の小嶋」として具体的に島の名をあげない。東寺《とうじ》本は「帆立島」、平松家本は「帆立島」あるいは「大平石《おおひらいし》」と記す。大平石は那智の海岸の真東に当たり、現行の地図では「太平石《おべらし》」と訓じている。そして、『平家物語』諸本の一つ『源平盛衰記《げんぺいじょうすいき》』（巻四十）は「金島《かねじま》」とする。このように『平家物語』諸本は、維盛入水ゆかりの島として、さまざまな島の名を語るのである。

　山成島はただ一つの孤島ではなく、実際は「成り島」あるいは「金島」、そのほか「ベラ島」「門島」「乙島」など、小島・岩礁などを含めた山成群島である。『熊野巡覧記』の著者、玉川玄竜は、維盛の入水地を「綱切島」と記し、この島は「金島」とも呼ばれていたといい、「維盛入水有しは、実は金島なり。今に維盛公の石塔」があるとして、維盛入水の島は金島であったと主張する。元禄年間（一六八八～一七〇四）の児玉荘左衛門著『紀南郷導記』は、綱切島について、補陀洛山寺住持たちの水葬の跡として「海底へ沈メ葬ムル」と記し、近世の絵巻『熊中奇観』は山成島の一つとして「金島」という小島を描いている。とすれば、山成群島を構成する島の一つに「金島」と呼ばれた島があったことはたしかであろう。では、『源平盛衰記』がいう「金島」とは、どのようないわれがあるのであろうか。また、「成り島」とも呼ばれたことも興趣引かれる島の名である。

「金に成る」島

『熊野草創由来雑集抄』によると、熊野山伏たちの忌詞《いみことば》として「死」を「為金《カネニナル》」という。このほか、葬を「於久流《オクル》」、卒塔婆を「角木《ツノキ》」、墓を「古計牟志《コケムシ》」といい、修験《しゆげん》山伏の世界でさまざまな隠語《いんご》があった。ともあれ死を金に成るというのである。このような類例として、鎌倉時代の『沙石集《しやせきしゆう》』（拾遺）には、熊野に詣でる女房に懸想《けそう》した先達が死んだ話があるが、本文に「先達ハ、ヤガテ金ニ成ヌ、熊野ニハ、死ヲ金ニナルトイヘリ」とあり、「死」を「金に成る」といった隠語は、やはり熊野の古い言葉であった。

平維盛が入水したという「金島」「成り島」は、早くから水葬地となっていたのであろう。言い換えると、山成島はいくつかの小島で構成され、「成り島」は「金」に「成る島」が本義であったかもしれない。山成の島々は那智湾の目の前に浮かぶとはいえ、そこはもう一種の異界であり、仏教的にいえば補陀落世界に入る発心門《ほっしんもん》にあたるだろう。そのような場所として『源平盛衰記』は、維盛の入水地として山成群島の一つ「金島」を採録したのではなかろうか、と思われる。

『平家物語』の面白みの一つとして史実と虚構をめぐる問題がある。そのような一例として、『源平盛衰記』（巻四十）「中将入道入水事」は『禅中記』なる書を引いて維盛の生存説を伝える。

平維盛の生存説

維盛は実際には那智の沖で入水して果てたのではなく、彼は熊野三山の参詣を終え、その後、高野山に下向《げこう》し、やがて都にあがって後白河法皇と逢い、自分は戦乱の謀主《ぼうしゅ》ではないので助命を頼んだという。これに対し後白河法皇が鎌倉幕府にその旨を伝えると、頼朝はとりあえず維盛の関東下向を奏聞《そうもん》し、そこで法皇の命によって関東に下向することになった。だが、維盛は飲食を断ち、関東に到着する途中の相模《さがみ》国湯下《ゆのもと》の宿で生涯を終えたのだという。

『源平盛衰記』は、さらにまた別の維盛生存伝承を載せ、「或説には、那智の客僧等是を憐て、滝奥の山中に庵室を造りて隠し置たり。其所今は広き畑と成て、彼人の子孫繁昌しておはす。（中略）入海は偽事《いつわりごと》と云々」と語る。つまり、維盛の入水は「偽事」であり、那智の客僧たちが滝の山中に庵室を造って維盛の身を隠し置き、その後も維盛の子孫たちは繁栄したのだといい、この場所は那智山の「香疁《こうはた》」（香畑）と伝える。

さらに、『太平記《たいへいき》』（巻五）「大塔宮熊野落事」には、戸野兵衛が大塔宮《おおとうのみや》（後醍醐《ごだいご》天皇の皇子、護良《もりよし》親王）を大和十津川《とつがわ》にかくまう時に披瀝《ひれき》した言葉として「平家ノ嫡孫維盛ト申ケル人モ、我等ガ先祖ヲ憑《たのみ》テ此所ニ隠レ、遂ニ源氏ノ世ニ無レ恙《つつがなく》候ケルトコソ承《うけたまわり》候ヘ」とあり、維盛十津川隠棲説を伝える。このように中世において早くも維盛伝説が成立していた。複雑多岐な伝承生成と経路があったと考えられるが、いずれも維盛生存伝承は熊野那智山中に発生基地があり、やがて都に流布したのであろう。

補陀落往生

平維盛伝説は、一朝一夕では説き明かし得ない複雑な性格がある。だが、そうじて世にいう平家落人伝説は、平重盛の若き貴公子たちの行方に淵源があることを注目しなければならないだろう。

『平家物語』諸本は平維盛の入水往生を語り、それを承けて『源平盛衰記』はさらに語り続けている。阿弥陀如来の脇侍である観音菩薩は、蓮台《れんだい》を捧げ、勢至《せいし》菩薩は、掌《たなごころ》を合わせ「入水往生人」を浄土の世界に引接《いんじよう》しようとする。仮に補陀落渡海の船が、観音が差し出す蓮台（乗り物）であったとすれば、渡海人は、その蓮台・船に乗って行くのであろう。『平家物語』は平維盛を補陀落往生人とは説かないが、那智の海という舞台そのものが、もはや補陀落世界であったことには変わりない。維盛は那智の海に沈むことによって補陀落浄土に往生したと信じられ、語り継がれたのであろう。平維盛の入水往生譚は補陀落信仰と結び付くことによって後世に長く残る結果となった、といってよい。

熊野の補陀落渡海

覚宗が見た補陀落渡海

『熊野年代記』（古写）によると、貞観十年（八六八）十一月、慶竜《けいりゆう》上人が熊野那智浦《くまのなち》より渡海し、延喜十九年（九一九）二月には、祐真《ゆうしん》上人が同じく熊野那智から補陀落渡海を遂げたという。この二人の補陀落渡海については、ほかに参照できる史料がなく、真偽のほどはわからない。しかし、熊野那智における補陀落渡海の最初の記録として語り継がれている。

熊野の補陀落渡海として注目できるのは、藤原頼長《よりなが》が日記『台記《たいき》』に書いた那智僧の一件であろう。頼長は、平癒祈願の一環として覚宗《かくそう》なる修験者《しゆげんじや》を呼び寄せ『千手経《せんじゆきよう》』の講習を受けていたが、そのおり覚宗は幼少のころに見た一僧の補陀落渡海を頼長に語り出した。覚宗は園城寺《おんじょうじ》の僧、のち熊野三山検校になった人である。『台記』康治元年（一一四二）八月十八日条の内容をまとめてみよう。

私（覚宗）が少年のころ那智に籠もっていたころ一人の僧がありました。彼は現身《うつしみ》のままで補陀落世界に渡りたいと思い、小舟の上に千手観音を造って梶を持たせ、補陀落山に向かって祈ること三年間に及んだということです。その那智僧が風をおこす祈禱を七日間おこなうと北風が吹き出し、彼はよろこんで舟に乗り込み、南方に向かって出舟しました。これを見ていた仲間の僧は希有の思いをなし、山に登って行方を追い、私（覚宗）も同じように山から見下ろしていました。その後、七日間、北風は止むことがありませんでした。北風を受けて一僧は無事に潮に乗り、補陀落渡海の「願《がん》（ねがい）」は叶えられたのであろうと思います。

頼長の感慨

覚宗が語り終わると、頼長は驚きの目をして「いつのときや」と尋ねた。すると覚宗は「堀川院の御時（一〇八六～一一〇六）なり」と答えた。那智僧がおこなった補陀落山への祈りは三年間、すなわち千日行であった。そうした一僧の補陀落渡海の様子を一部始終、覚宗は見ていたのである。覚宗は幼少のころ那智に籠もっていたときの記憶とするが、目の前でおきた強烈な出来事が忘れられなかったのであろう。『台記』のこの記事は「十八日」条に記されており、頼長と覚宗は十八日という観音の縁日に想いを寄せ、補陀落渡海の話に及んだのであろうと考えられる。

那智僧は補陀落山へ無事に到着したのであろうか。それとも途中で食絶え、息絶え、海の鱗《うろくず》となって果てたのであろうか。『台記』の記主、頼長は、渡海僧のその後を記さない。だが、覚宗の「願、成就《じようじゆ》す矣《や》」という言葉に、那智に根を下ろしていた補陀落信仰に寄せる力強さと信念を感じ取ることができる。

天仁二年（一一〇九）、熊野詣の途中であった藤原宗忠は、熊野那智一帯の海岸を「補陀落の浜」と『中右記《ちゆうゆうき》』に書いている。宗忠はこの浜でおこなわれていた補陀落渡海についてなにもふれていないが、覚宗が見た一僧の補陀落渡海の、長くとも三十年以内後に宗忠一行は那智の海岸を訪れたことになる。そして、寿永三年（一一八四）の平維盛入水は、覚宗が見た一僧の補陀落渡海後の、八十数年から百年未満内の出来事であったことになる。

万里小路冬房の補陀落渡海

室町時代の文明年間（一四六九〜八七）になると、万里小路冬房《までのこうじふゆふさ》が熊野那智の海岸から補陀落渡海した。『尊卑分脈《そんぴぶんみやく》』に文明十七年（一四八五）十二月二十一日、熊野那智より補陀落渡海をおこない、「菩提院儀《ぼだいいんぎ》同三司《どうさんし》」と諡号《しごう》されたとある。儀同三司は准大臣の異称である。

万里小路家は伝統ある公家で、冬房は万里小路嗣房《つぐふさ》を祖父とし、万里小路時房《ときふさ》を父とする公卿である。冬房の生涯は詳しくわからないが、『公卿補任《くぎょうぶにん》』は宝徳元年（一四四九）参議四位上に昇り、応仁元年（一四六七）准大臣従一位となり、この年に出家したという。法名は弘房浄土と号した。そうした冬房の補陀落渡海は、周囲の公家たちを大いに驚かせたと想像できるが、『尊卑分脈』は、冬房の補陀落渡海を「菩提心に依る」と記録するだけで、真相はわからない。

渡海時期の疑問

しかし、冬房の渡海の時期については疑問が残る。つまり、『尊卑分脈』は冬房の渡海を文明十七年（一四八五）と記録するが、この年号について不審があるのである。この点につき参考となるもう一つの文献に『続史愚抄《ぞくしぐしょう》』（巻四十）がある。すなわち、『続史愚抄』は『公卿記追秘抄』を引いた文明七年（一四七五）条に「廿二日戊辰、入道儀同三司冬房、熊野浦より出船、補陀落山に渡ると云ふ」としている。つまり、冬房の渡海について文明七年説をとっている。どうやら万里小路冬房の補陀落渡海は、文明七年が史実であったかもしれない。『尊卑分脈』は誤伝と思われる。

『実隆公記』の記事

そこで室町時代の公卿であり、歌人、能書、有職故実《ゆうそくこじつ》に通じた三条《さんじょう》西実隆《にしさねたか》の日記『実隆公記《さねたかこうき》』の文明八年（一四七六）三月二十八日条に注目したいと思う。

> 雨降る、伝へ聞く、昨夜権大納言典侍《ないしのすけ》籠居と云々、菩提院儀同三司冬房、補陀落山に詣す、去年十月のころの事と云々、よつて籠居なり、不便《ふびん》々々。

実隆が伝え聞いたところによれば、冬房の補陀落渡海によって権大納言典侍が家の中に引き籠もったという。ここにいう権大納言典侍とは、冬房の娘、命子《めいし》のことであろう。彼女は父の補陀落渡海という終焉にすっかり滅入っていたのである。

『実隆公記』文明八年三月二十八日条で注目すべきは、冬房の渡海について去年十月のころといっており、つまり、文明七年の出来事であったことを示唆している点である。たしかでない伝聞記事とはいえ、『続史愚抄』と符合する点があり、万里小路冬房の補陀落渡海はいよいよ文明七年説が有力となる。また、『親長卿記《ちかながきょうき》』文明八年六月条を開くと、冬房の子息、賢房が「除服《じょふく》」を申し立てた記事が散見する。除服とは喪の期間が終わって喪服を脱ぎとることである。この記事もまた父冬房の補陀落渡海と無関係ではあるまい。冬房の補陀落渡海は文明七年と考えて間違いないだろう。

冬房の補陀落渡海はこれ以上には明らかではなく、その真相ももちろんわからない。『尊卑分脈』は「菩提心に依る」とするが、冬房の日ごろの信仰、あるいは菩提心を起こすような何かが身に起こったのであろうか。

万里小路家の伝奏職

当時の万里小路家は伝奏《てんそう》を代々引き継ぐ公卿であった。伝奏とは上皇や天皇にいろいろな奏事を取りつぐ公家職制の一つである。伝奏は時代によって性格が複雑であるが、室町時代には朝廷と幕府間の連絡にあたった「武家伝奏」や、諸寺社の訴訟などを奏聞する任にあたった「寺社伝奏」（山門伝奏・南都伝奏・賀茂社伝奏）などがあった。『大乗院寺社雑事記』文明三年（一四七一）閏八月二十二日条によると、南都伝奏は万里小路嗣房以来のことであったとして「万里小路内大臣嗣房公」「万里小路大納言時房卿」、その他の公卿名を挙げている。また、冬房の父、時房の『建内記』応永三十五年（一四二八）三月条には、時房自身が初めて南都伝奏に補任された述懐記事がある。次いで『康富記《やすとみき》』宝徳三年（一四五一）三月六日条を見ると、「万里小路中納言冬房殿、伝奏に加へ給ふ」とあり、冬房自身も武家伝奏の職に任じられたことがあった。

このような万里小路家と伝奏、および、熊野との関係については、十四世紀の後期、嗣房が「熊野伝奏」に要請され、それを承諾したという「万里小路嗣房書状写」（『熊野速玉《はやたま》大社古文書』）がある。「万里小路嗣房書状写」は年次を欠く請文《うけぶみ》であるが、至徳元年（一三八四）のことであろうという。

補陀落渡海者の上人号

熊野伝奏の具体的な職務はわからない。だが、万里小路家は熊野三山の運営や職務に深く関わっていたのであろう。『御湯殿上日記《おゆどののうえのにっき》』享禄三年（一五三〇）四月十五日条によると、「ひせんのくにの十こくにて、ふたらくへわたるとて、上人から申、までのこうち色色申さる丶。なさる丶」とあり、肥前国《ひぜん》または備前国《びぜん》の十穀僧《じっこくそう》（木食行者《もくじき》）が補陀落渡海するにあたり上人号を万里小路家に申請したことがあった。このときの万里小路は秀房と考えられるが、ただ、「補陀落渡海上人号」の上奏は無条件にどの伝奏家でも可能であったとは考え難い。万里小路家がその立場にあったことは、右『御湯殿上日記』の記事がよく物語っている。万里小路家は「補陀落渡海上人号」を朝廷に奉請できる職にあり、勅許とされた上人号を発給する仲介者であったのである。万里小路家と熊野とは密接な師檀《しだん》関係で結ばれていたと考えられる。この両者の関係は文明七年（一四七五）と推断した万里小路冬房の補陀落渡海によって、ますます深まった、と私は考えている。

補陀落渡海した人びと

補陀洛山寺の渡海上人

補陀落渡海《ふだらくとかい》の拠点であった熊野那智《くまのなち》の補陀洛山寺は、那智滝本修行者の開祖、裸形《らぎょう》上人を縁起的開基《かいき》とし、補陀落渡海した智定《ちじょう》坊が開いたともいう。が、しかし、さらにもう一つ鎌倉時代の開創伝承があった。

補陀洛山寺の本尊伝承

『紀伊続風土記』（巻十五）に見える補陀洛山寺の本尊千手観音像の由来をたずねると、浜の宮の海上に夜な夜な奇光を発するものがあり、それを教算という僧が拾いあげると、長一寸八分の観音像であった。教算はただちに浜の宮の側に補陀洛山寺を建立し、この観音像を安置したという。しかるにある夜、観音像は、「我は南方補陀落山から湧出した仏像である。すみやかに高野山《こうやさん》に移すよう」教算に夢告《ゆめのつげ》をした。教算は小像を背負い、高

図５　浜之宮・補陀洛寺（『西国三十三所名所図会』より）

図６　明治後期の補陀洛山寺（左）と浜の宮王子社（新宮市図書館提供）

野山に登り、やがて大きな像を造ってこの小像を髻《もとどり》の中に納めたのだという。これが高野山内の補陀洛院の本尊だとも伝える。

拾得された観音像

注目されるのは、浜の宮補陀洛山寺の本尊が海上から拾い上げられた観音仏であり、これが補陀落世界から湧出、漂着した小像であったとする点である。すなわち、海上から寄り来る仏であった。教算は、小像を高野山に移し、巨像の中に納めた。小像が別の仏像に納められる話は、那智如意輪堂《にょいりんどう》（現在の青岸渡寺《せいがんとじ》）の観音像も同様で、たとえば、『紀州熊野那智山之図』（略縁起）によれば、裸形上人が那智の滝壺から湧出した長八寸の尊像を拾得して草庵をむすび、安置した。その後、生仏が霊夢を蒙り、身丈一丈の坐像を造り、八寸の尊像を胸の中に納めたという。このように海中や滝壺から涌き出た小像が、誰かに背負われて他所《よそ》に移動し、やがて新しく造られた大像の胎内に納められる話は、日本各地の霊場《れいじょう》寺院縁起によく見られることで、小像を納めた厨子《ずし》を背負って諸国を廻《めぐ》る行者の姿が、この話の中に見え隠れしている、といってよい。

高野山の教算

小観音像を拾得した教算は勝忍坊と号し、高野山内・補陀洛院の開基と伝える僧である。教算について『紀伊続風土記』は、「熊野の人」「浜の宮補陀洛寺草創」「高野山に登って本院（補陀洛院）を開創」「弘安年間の人なり」と記す。われわれは、ここに鎌倉時代の那智補陀洛山寺の本尊伝承や開創伝承を知ることになる。あらためて重要なことは、補陀洛山寺の本尊千手観音像が補陀落世界からの渡来仏であったと伝承することである。補陀洛山寺が補陀落渡海の拠点となる遠因がこの話の中にも充分うかがえる。

小さな観音像を海上から拾得して那智補陀洛山寺を開き、次いで高野山補陀洛院を開創したという教算は、『鎌倉遺文』に収録された膨大な古文書の中に彼の名前と活動が確認できる。教算は、とりわけ高野山に帰属した多くの荘園経営にも力量を発揮した僧であった。江戸時代に成立した『紀伊続風土記』が、教算を「熊野の人」「弘安年間の人」といっているのは事実にあたっているだろう。那智補陀洛山寺の本尊由来や教算による開創伝承は、智定坊開創縁起より現実的で信憑性があるとしなければならない。鎌倉時代の縁起・伝承として、とりわけ那智補陀洛山寺の本尊が、かつて海上から拾いあげられた小像であったことは、あらためて注意を払わなければならない。

『熊野年代記古写』の渡海上人

補陀落渡海の最も基本的な文献史料として『熊野年代記』がある。これまで多くの研究者が紹介してきた『熊野年代記』とは、実は『熊野年代記古写』『歳代記第壱』『年代記第弐』という表題を持つ三冊本の総称である。いずれも近世の写本であり、『熊野年代記』の原本は失われている。本書では古態性を残す『熊野年代記古写』を利用するが、内容・体裁は神代期から明和二年（一七六五）までの日本歴史記録の上に熊野のことを重視・特記した便覧風の年表である。その中に熊野那智から補陀落渡海した補陀洛山寺住持の名前と渡海年月を拾うと表1のようになる。

『熊野年代記古写』には、貞観十年（八六八）の慶竜上人から享保七年（一七二二）の宥照上人にいたる二十人の補陀落渡海が見える。個々の説明はのちにふれることにして、もう一つの補陀落渡海の記録を収載する『本願中出入証跡之写別帳』（壱）を紹介する。本文献は、

『本願中出入証跡之写別帳』（壱）の渡海記事

熊野那智の社家と本願寺院（山伏と比丘尼《びくに》寺）七ヵ寺が争論をおこし、那智山本願中が一山の支配管理、職務、社殿修理・修復の主導権をめぐって寺社奉行に提出した訴訟証文を、享保二十年（一七三五）に書写したものである。本史料の記録や文書の主体者は那智本願

表１　『熊野年代記古写』に見る補陀洛山寺の渡海上人

渡海年	渡海記事
貞観10年(868)	慶竜上人11月３日補陀洛ニ入
延喜19年(919)	２月奥州ノ人13人上人(現住祐真会津郡)ヲ導補陀洛ノ海ニ入、是道行之始也
天承元年(1131)	11月補陀洛高厳渡海
嘉吉元年(1441)	11月補陀洛寺祐尊渡海、存命年43
明応８年(1449)条	去年11月補陀洛寺盛祐上人渡海、同行５人、生年39歳
享禄４年(1531)	11月浜ノ宮足駄上人渡海、本名祐信上人、平生足駄ニ而遠モ近キモ歩行、仍時ノ人足駄上人云、行年43
天文８年(1539)	11月浜ノ宮光林上人渡海、同行16人、生年21
天文10年(1541)	11月補陀洛寺正慶上人渡海、同行10人
天文11年(1542)	12月浜ノ宮善光上人渡海、同行12人、右同行勧ニ仍観音堂立華ノ折柄、行年18
天文14年(1545)	11月浜宮日誉上人渡海、同行５人、右勧申ス
弘治２年(1556)	11月梵鶏上人補陀洛渡海、同行18人
永禄３年(1560)	11月補陀洛寺清信上人渡海
天正６年(1578)	11月清源上人補陀洛渡海、為両親
文禄３年(1594)	12月補陀洛寺心賢上人同行６人渡海、同行スヽメ
寛永14年(1637)条	去年３月補陀洛寺清雲上人渡海ス
承応元年(1652)	補陀洛寺良祐上人８月渡海ス
寛文３年(1663)	９月清順上人補陀洛渡リス
元禄２年(1689)	６月補陀洛寺順意上人渡海ス〔※史実は貞享３年６月〕
元禄６年(1693)	11月補陀洛寺清真渡海ス
享保７年(1722)	６月浜宮宥照渡海

側にあり、そのような公事訴訟の提出記録として、那智の補陀洛山寺に残っていた補陀落渡海の行儀や由来・伝承を記したものが『本願中出入証跡之写別帳』（壱）の記事である。

まずは、浜宮の補陀洛寺住持職は左のとおりとして次のように述べる。補陀洛山寺の住持職は渡海上人と号し、それは代々寺付《てらつき》の上人号である。補陀落渡海を希望する行者があると、彼らを住持の渡海上人が引導《いんどう》・先達して補陀洛島（綱切島《つなきりじま》）に渡り、補陀洛山観音浄土往生の儀式を終えて同行ともども入水《じゅすい》する。そのおり額札（木札）に上人の名前を記し、補陀洛寺千手堂に納めた。補陀落渡海がおこなわれるときは、三所権現《ごんげん》観音堂において深秘の儀式があった。補陀落渡海を望む行者は諸国から集まり、それは天文年間（一五三一〜五五）まで続いた。このような前書に続き、補陀洛山寺に伝わるこれまでの渡海上人、高厳上人から宥照上人にいたる十八名の僧名と渡海の年月を挙げている。

『熊野年代記古写』と『本願中出入証跡之写別帳』（壱）の記事を比較・校合すると、若干の相違と問題点が生じることになる。そもそも『熊野年代記古写』は写本であり、また、『本願中出入証跡之写別帳』（壱）も写本であり、誤写が多く認められる。その相違点の説明は複雑をきわめることになるが、『熊野年代記古写』の本文は、熊野新宮側に伝わる渡海伝承であり、『本願中出入証跡之写別帳』（壱）の記事は、熊野那智山の本願寺院に伝承された補陀落渡海であるという、二つの文献の性格を指摘できる。ここでは、二つの文献を軸として、その他の史資料を参照し補陀洛山寺渡海上人二十人について整理すると表2のようになる。

　補陀洛山寺の渡海上人二十名の記録は、次ページの表2のように『熊野年代記古写』『歳代記第壱』『本願中出入証跡之写別帳』の文献・位牌《いはい》・供養塔・過去帳、その他の資料に残っている。そうした渡海上人の史資料群で最も注目されるのは、享禄四年（一五三一）に渡海した足駄上人（本名祐信）の額札《がくさつ》が残ることで、これは『本願中出入証跡之写別帳』に「額札江渡海何上人と書印シ、補陀洛山千手堂へ納来候」とある記事を実証している。この足駄上人の額札は縦七五センチ・横一九・五センチの木札で、西国《さいごく》三十三所観音巡礼霊場に納められる納札ときわめて似ている。おそらく補陀洛山寺に打ち付けられたのであろう。渡海上人の位牌は、清順・順意・清真・宥照上人の四基があり、その他、「梵字（キリーク）補陀洛山　代々先住渡海上人尊霊」と書いた総位牌が残る。

　供養塔は、現在、補陀洛山寺の裏山に建立されているが、昭和二十三年（一九四八）ごろ、国道四十二号線の拡張工事によって現在地に移転された。元は、浜の宮墓前という那智川を渡る汐入橋の近くにあった。現在、その場所に「ふだらく山寺歴代上人墓跡」とあ

表2　補陀洛山寺渡海上人の記録

名前	渡海記録
慶竜上人	貞観10年(868)11月3日渡海 ※『熊野年代記古写』と『歳代記第壱』に補陀洛渡海したとあるのみで、そのほかの文献や資料には見いだせない。
祐真上人	延喜19年(918)2月渡海 ※『熊野年代記古写』の記事に「現住祐真会津郡」の添書があり、彼は奥州会津郡の人であった。13人の「道行」(仲間・同行)と連れ立って渡海した。
高厳上人	天承元年(1131)11月渡海 ※『熊野年代記古写』と『歳代記第壱』に記事がある。『本願中出入證跡之写別帳』は天承16年とするが、天承16年は天承元年の誤りである。
祐尊上人	嘉吉元年(1441)11月渡海 ※『熊野年代記古写』と『歳代記第壱』に記事がある。『本願中出入證跡之写別帳』は永享13年とするが、永享13年は改元して嘉吉元年であり『熊野年代記古写』と矛盾しない。43歳。
盛祐上人	明応7年(1498)11月渡海 ※『熊野年代記古写』明応8年条に「去年」渡海とある。『歳代記第壱』と『本願中出入證跡之写別帳』は明応7年と記す。同行5人。38歳。
足駄上人	享禄4年(1531)11月18日渡海 ※『熊野年代記古写』『歳代記第壱』に記す。本名祐信上人。いつも高下駄を履いていたので足駄上人の異称がある。補陀洛山寺の額札(位牌)によれば「九州豊後国」の人であった。
光林上人	天文8年(1539)11月渡海 ※『熊野年代記古写』『歳代記第壱』『本願中出入證跡之写別帳』に記す。同行16人。21歳。
正慶上人	天文10年(1541)12月渡海 ※『熊野年代記古写』『歳代記第壱』『本願中出入證跡之写別帳』に記す。同行10人。
善光上人	天文11年(1542)12月渡海 ※『熊野年代記古写』『歳代記第壱』『本願中出入證跡之写別帳』に記す。同行12人。18歳。補陀洛山寺伝来の享禄2年「補陀洛山寺銅花瓶」銘に「時本願／善行上人」とある善行上人は、善光上人と同一人物と思われる。

（表2つづき）

日誉上人	天文14年(1545)11月渡海 ※『熊野年代記古寫』『歳代記第壱』『本願中出入證跡之寫別帳』に記す。同行5人。
梵鶏上人	弘治2年(1556)11月渡海 ※『熊野年代記古写』『歳代記第壱』『本願中出入證跡之写別帳』に記す。同行18人。
清信上人	永禄3年(1560)11月渡海 ※『熊野年代記古写』『歳代記第壱』に記す。『本願中出入證跡之写別帳』は「年号不知」とする。弘治2年「補陀洛山寺本尊観音像光背表面」銘に「清信」が確認できる。
清源上人	天正6年(1578)11月渡海 ※『熊野年代記古写』『歳代記第壱』に両親のため渡海と記す。『本願中出入證跡之写別帳』は「年不知」とする。那智千日別当円覚なる者が補陀落渡海したとき、証文を補陀洛山寺の清源に預けたといい(『那智大社文書』)、この清源は、まさしく天正6年に補陀落渡海した清源上人にあたる。清源の末弟に実相という山伏があった。
心賢上人	文禄3年(1594)12月渡海 ※『熊野年代記古写』『歳代記第壱』に記す。『本願中出入證跡之写別帳』は「年号不知」とする。同行6人。
清雲上人	寛永13年(1636)3月18日渡海・示寂 ※『熊野年代記古写』は「去年三月」渡海と記す。『本願中出入證跡之寫別帳』は「寛永十三年三月」とある。「寛永十年癸酉三月二十三日社堂立方指図」奥書署名には「補陀洛寺清雲」と見える。補陀洛山寺裏山に供養塔が残り、銘によって清雲上人の命日が18日と確認できる。
良祐上人	承応元年(1652)8月渡海・示寂 ※『熊野年代記古写』『歳代記第壱』に記す。『本願中出入證跡之写別帳』は「慶安十五年八月」とするが、慶安15年は慶安5年の誤りである。慶安5年は改元されて承応元年であり『熊野年代記古写』と矛盾しない。
清順上人	寛文3年(1663)9月25日渡海・示寂 ※『熊野年代記古写』『歳代記第壱』『本願中出入證跡之写別帳』に寛文3年9月渡海とある。清順上人位牌銘に「當寺中興開山清順上人／寛文三年／癸卯九月廿五日」とある。慶安元年の「浜宮三所権現社棟札」銘に「武州江戸之産／天台沙門清順」とあり、武蔵国の出身であった。

（表2つづき）

順意上人	貞享3年（1686）6月6日渡海・示寂 ※『熊野年代記古写』と『歳代記第壱』元禄2年条に6月渡海とする。『本願中出入證跡之写別帳』には「順意上人、貞享六年六月」とあるが、貞享3年6月の誤りであろう。順意上人の渡海（入寂）年月に関しては文献に錯乱がある。『了心寺過去帳』（6日条）を見ると「貞享三寅六月、補陀洛寺先住入海」とあり、補陀洛山寺に残る位牌に「補陀洛山渡海順意上人」「春秋五十／貞享三丙寅六月六日」とあるのが正しい。補陀洛山寺裏山に供養塔もあり、銘に「補陀洛山渡海順意上人／貞享三丙寅年／六月六月六日化」とある。『本願中出入證跡之写別帳』の「貞享六年」は、史実の「貞享三年」の「三」を「六」と草書、誤写し、それに符合させるかのように『熊野年代記古写』は貞享6年を改元した元禄2年条に記載したのであろう。したがって順意上人の入寂・入海を、それぞれ元禄2年、貞享6年とする『熊野年代記古写』と『本願中出入證跡之別帳』は誤伝であり、正しくは貞享3年6月であった。50歳。
清真上人	元禄6年（1693）11月26日渡海・示寂 ※『熊野年代記古写』『歳代記第壱』『本願中出入證跡之写別帳』元禄6年に渡海とする。『了心寺過去帳』（26日条）に「清真上人、元禄癸酉十一月、補陀洛寺住」とある。
宥照上人	享保7年（1722）6月7日渡海・示寂 ※『熊野年代記古写』『歳代記第壱』『本願中出入證跡之寫別帳』に享保7年6月渡海とする。位牌が補陀洛山寺に残り「渡海宥照上人」「享保七子年生国和州郡山之住僧／寅六月七日生、歳五十三」の銘文があり、大和国の郡山の人であったことがわかる。『了心寺過去帳』享保7年の（7日条）に「同七癸寅六月、補陀洛寺先住入海」と確認できる。また宥照上人の母親について『了心寺過去帳』（12月8日条）に「円通院慈観妙心大姉、正徳五乙未極月、宥照上人母」とあり、補陀落渡海の歴史において渡海僧の母親が判明する。補陀洛山寺の裏山には宥照上人無縫塔がある。宥照上人は補陀洛山寺最後の渡海上人。

る石碑が建てられている。

江戸近世社会の補陀落渡海は、実際には補陀洛山寺住職の水葬であったが、鳥居の前の海岸に出ると「禅家」の導師によって葬礼がおこなわれたといい、補陀洛山寺に今も近接する了心寺によって水葬は差配された。『了心寺過去帳』に順意・清真・宥照上人が確認できるのである。特に宥照上人の母親も『了心寺過去帳』によって確認できることは、きわめて貴重である。

智定坊の補陀落渡海

下河辺六郎行秀の補陀落渡海

鎌倉幕府の実質的な成立をもたらすことになった承久《じようきゆう》の乱《らん》（承久三年〈一二二一〉）後、元仁元年（一二二四）北条泰時《ほうじようやすとき》は執権《しつけん》となり、嘉禄二年（一二二六）には、鎌倉四代将軍として京都九条家から藤原頼《より》経《つね》が迎えられた。やがて貞永元年（一二三二）泰時が『御成敗式目《ごせいばいしきもく》』を制定した翌年の五月、紀伊国糸我荘《いとがのしよう》より一通の書状が泰時の元に届いた。泰時はそれを将軍頼経の前に持参し、周防前司《すおうのぜんじ》（藤原）親実が読み上げた。

智定坊の失態

泰時が幕府に持参した書状は、天福元年（一二三三）三月七日、紀伊国熊野《くまの》の那智《なち》の海岸から、御家人《ごけにん》であった下河辺六郎行秀《しもこうべろくろうゆきひで》が補陀落渡海《ふだらくとかい》したという情報であった。かつて下河辺行秀は、下野《しもつけ》国の那須野でおこなわれた狩りで、源《みなもとのよりとも》　頼朝から一頭の大鹿を射ることを命じられたがこれに失敗し、小山《おやま》四郎左衛門朝政《ともまさ》が代わってこの鹿を射止めた。失態を演じた行秀は、その場で出家、逐電《ちくでん》し、行方をくらました。

最も新しい情報によると、行秀は出家名を智定坊《ちじょうぼう》と名乗って熊野山で『法華経《ほけきょう》』を読んで修行していたが、結局は補陀落渡海に及んだという。彼が乗り込んだ船は、外から釘をもって打ち付けられ、一つの扉もない日月の光を遮断した暗黒の屋形船で、ただ灯火をたよりにし、三十日程度の食物と油を用意していたという。そのおり、智定坊は仲間に一通の書状を託し、北条泰時に届けるように頼んだ。その書状が泰時の元に到着し将軍頼経の前で披露されたのである。書状には智定坊の在俗のときから渡海にいたる経緯が書かれてあった。周囲にいた人びとは袖を濡らしてこの書状に聞き入り、特に泰時は、行秀とは弓馬《きゅうば》の友であったと語り悲しんだという。

右の話は『吾妻鏡《あずまかがみ》』天福元年五月二十七日条に見える下河辺六郎行秀＝智定坊の補陀落渡海の内容である。この智定坊の補陀落渡海は、はたしてどこまで事実として確認され、そして、下河辺六郎行秀とは、いったいどのような武士であったのであろうか。これまであまり追究されたことがなかった。そこでまず『吾妻鏡』の記事を検証してみよう。

下野国の巻き狩り

建久四年（一一九三）四月二日、頼朝は下野国那須野で鹿狩りをおこなうため狩場を視察し、前日の夕方には勢子《せこ》を駆り集めた。そして、頼朝は小山左衛門尉朝政・宇都宮左衛門尉朝綱・八田右衛門尉知家《ともいえ》の三人を特に召し出した。これに対し各三人は、おのおの千人の勢子を献上した。那須太郎光助は駄餉《だしょう》、つまり馬に付けて送る飼葉《かいば》を奉じた。そののち『吾妻鏡』建久四年四月二十三日条は、那須野の狩りがようやく終って、藍沢の屋形が駿河《するが》国に運び還されたという。

『吾妻鏡』の一連の記事を整理すると、下野国那須野の狩りは、建久四年四月三日から二十三日までおこなわれたことになる。三千人の勢子が動員された大規模な巻き狩りであった。当初の射手として選ばれた武士たちは二十二人であったというが、この中には下河辺行平の名前はあるが、問題の下河辺六郎行秀の名前はない。だが行秀に代わって大鹿を射た小山左衛門朝政が、千人の勢子を頼朝に献じたことは『吾妻鏡』に明確である。したがって、下河辺六郎行秀＝智定坊の補陀落渡海を実証するのに大きな存在と意味を持つ小山朝政が、この巻き狩りに参加していたことは、明瞭であるといわねばならない。となると、たしかに頼朝が主催した那須野の巻き狩りは実施されたのである。

下河辺六郎行秀の失態は、この間の何日の出来事であったのか、決め手になる記事はない。とはいえ、建久四年の出来事であったことはもはや確実である。とすると、下河辺六郎行秀は、一矢の失態から四十年後に那智の海岸から補陀落渡海したことになる。

下河辺六郎行秀の系譜

智定坊行秀は下河辺を名乗っていたことから判断すると、彼は平安末期から記録に散見される下総《しもうさ》国下河辺荘に展開した武将、下河辺氏の一族であったことは容易に推定可能である。『尊卑分脈《そんぴぶんみゃく》』によれば、下河辺氏は平《たいらの》将門《まさかど》の乱で活躍した藤原秀郷《ひでさと》を曩祖《のうそ》とし、その藤原秀郷の後胤であった下河辺行義を初代とする。諸系図によると、下河辺行義は歌人でも名高い源三位頼政の配下にあり、下河辺氏は平安末期には源氏の郎党《ろうとう》となっていた。いずれにせよ下河辺氏の初代という行義は、源平の争乱で活躍した武将であった。

問題の智定坊下河辺六郎行秀は、今日の下河辺氏に関するどの系図を見ても彼の名前は見いだせない。『吾妻鏡』も彼の補陀落渡海を語るのみであり、われわれが期待するような素顔を見せてくれない。そこで一応、下河辺氏関係の各系図を検証すると、下河辺行義の子息に行平・覚因・政義たちがあった。那須野の巻き狩りがおこなわれた建久四年（一一九三）という年次と、『吾妻鏡』の補陀落渡海記事を考慮すると、下河辺六郎行秀は行義の子息に該当する武士だろう。

小山朝政の勲功

下河辺六郎行秀＝智定坊に代わって大鹿を射止めた小山朝政は、小山政光の嫡男で小山小四郎と称した。治承四年（一一八〇）以来、頼朝の御家人として各地で勲功をたてた鎌倉時代史を構築する重要な武将である。『吾妻鏡』は、「彼の朝政は、曩祖秀郷朝臣、天慶年中朝敵（平将門）を追討し、両国（下野・播磨《はりま》カ）の守を兼任し、従下四位に叙せしめ以降、勲功の跡を伝へ、久しく当国を守りて、門葉の棟梁たるなり」（養和元年〈一一八一〉閏二月二十三日条）と賛美している。朝政はまた、下河辺行平と同じように頼朝の信任を受け、各地への先陣・随兵、正月の椀飯役《おうばんやく》、実朝の誕生祝い役を務めた。建久元年（一一九〇）十一月、頼朝の上洛の際には四十九番の随兵として、また、頼朝の後白河上皇謁見のときにも随兵三騎の中に加えられ、右衛門尉に任官されている。

小山左衛門朝政は晩年に出家して生西と号した。『尊卑分脈』は天福二年（一二三四）三月の出家と伝える。朝政の出家年次については不審な点もあるが、『尊卑分脈』で興味がそそられるのは、この朝政の出家が下河辺行秀の補陀落渡海の翌年であった点である。行秀に代わって鹿を射止めた朝政の出家は、行秀の渡海とまったく関係ないのであろうか。

この二人の間に複雑な心境があったと想像するのは歴史学の邪道かもしれない。とはいえ、行秀智定坊が「出家遁世以後の事」をことごとく書き綴って泰時に届けた書簡には、朝政のことが書かれていたに相違あるまい、と想像はさらに想像を生むのである。

流鏑馬の故実

小山左衛門朝政と下河辺行平は、巻き狩りの射手として堪能であり、彼らはまた弓射・騎馬の精華である流鏑馬《やぶさめ》の名手であった。流鏑馬は、馬を馳せながら鏑矢《かぶらや》を的に当てる弓技で、笠懸《かさがけ》・犬追物《いぬおうもの》とともに武士の愛好するところであった。絵巻『男衾三郎絵詞《おぶすまさぶろうえことば》』には笠懸など武芸の鍛錬にはげむ武士たちの絵像があって有名である。流鏑馬の流儀には、東国流《とうごく》・西国流《さいごく》、というべき二つの流れがあったという。たとえば、白河上皇が京都鳥羽院の城南寺で流鏑馬を見たと『中右記《ちゆうゆうき》』（永長元年〈一〇九六〉四月二十九日条）にあるように、西国の武士たちの間には、城南寺流という流鏑馬の故実《こじつ》があった。『今鏡《いまかがみ》』（巻六）にも「鳥羽にて白河の院のやぶさめといふこと御覧じける」という本文があり参考となる。また、承久の乱の際、後鳥羽《ごとば》上皇は幕府討伐のために「流鏑馬ぞろへ」と称して諸国の武士を募ったことがあり、その場所はやはり鳥羽の城南寺であった。古活字本『承久記』（上巻）には、「鳥羽ノ城南寺ノヤブサメソロヘト披露シテ、近国ノ兵《つわもの》共ヲ召サレケリ。大和《やまと》・山城《やましろ》・近江《おうみ》・丹波《たんば》・美濃《みの》・尾張《おわり》・伊賀《いが》・伊《い》

図7　武芸の鍛錬にはげむ武士（『男衾三郎絵詞』より、東京国立博物館所蔵）

勢《せ》・摂津《せっつ》・河内《かわち》・和泉《いずみ》・紀伊《きい》・丹後《たんご》・但馬《たじま》十四国、是等ノ兵参リケリ」と見える。

これに対し、東国の武士たちの流鏑馬は、鶴岡八幡宮放生会《ほうじょうえ》の恒例行事としてさかんに興行された。そうした流鏑馬行事で、下河辺行平は建久四年（一一九三）八月、由比浜の放生会のときに流鏑馬の「譜代の口伝故実」を陳述し、頼朝の関心をよんだことがあった。また、建久五年十月九日には、小山朝政の館に射手の堪能者が群参し、流鏑馬の旧記・先蹤《せんしょう》が談じられた。これは「東国射手」の本《もと》となるように、西国の流鏑馬に対抗するべく、頼朝が主催したなみなみならぬ御家人たちの研修であったと思われる。当然ながら小山朝政・下河辺行平も参加していた。

このような東国の武士たちに伝わった流鏑馬は、もっぱら藤原秀郷の故実を踏襲したもので、佐藤・小山・下河辺・結城・波多野らの武士団に伝授され、秀郷流と称した。小山氏・下河辺氏が秀郷を祖とする家譜も首肯できる点がある。

北条泰時書状

ところで天福元年（一二三三）ごろ、北条泰時は、当時在京していた子息、時氏《ときうじ》に宛てた書状（『鎌倉遺文《かまくらいぶん》』四四九六号文書）の中で、「弓取りと云《いう》は、必《かならず》唯心の上手に有、されば寝ても覚ても此態を思はなすべからず、せめては弓を張て置ても、一日に三度はすびき（素引き）をもすべし、（中略）あだには物を射るべからず、箭《や》を放《はなた》む度には、此矢ぞ最後、もし射はづしなば、二の矢をとらぬさきに、敵にも射とられ、又は生物にも喰殺さるべき身と思籠て射べき也」と書いている。これは、下河辺行平・工藤景光の精鋭が言い伝えた弓術の教訓という。傾聴に値する本文である。

『徒然草』の教訓

やや時代はさがるが、吉田兼好《よしだけんこう》も『徒然草《つれづれぐさ》』（九十二段）の中で、弓の師範の言葉として「初心の人、二つの矢を持つことなかれ、後《のち》の矢を頼みて、初めの矢になをざりの心あり。毎度たゞ得失なく、此の一箭に定まるべしと思へ」と、右の「北条泰時書状」とほぼ同趣の心得と、弓者のうちに潜む懈怠心《けたいしん》の自省を述べている。

文治三年（一一八七）八月十五日、鶴岡八幡宮《つるがおかはちまんぐう》放生会の恒例として流鏑馬がおこなわれた。頼朝をはじめ、源範頼・小山朝政など、重鎮の御家人が居並ぶ中、小山行平ほか、射手五騎がそれぞれ的を射た。その中で、もと平家に属し、囚われの身となっていた諏方大夫盛澄という流鏑馬の芸を窮めた者があり、彼は至難の妙技を見事にやってのけ、頼朝の厚免を得た。盛澄の申し開きは「秀郷朝臣の秘訣を慣ひ伝ふるに依りてなり、爰《ここ》に平家に属して多年在京し、連々《つれづれ》城南寺の流鏑馬以下の射芸に交り訖《おわ》んぬ」というものであった。彼は秀郷流と城南寺流の射芸を身に付けていたのである。幕府以下、鎌倉の御家人たちは、この両流を体得することが垂涎《すいぜん》の的《まと》であったに違いない。盛澄の話は鎌倉武士たちの最大の戦闘力として、弓馬の事が何よりも尊重されたことを象徴的に示す逸話である。

後白河上皇が「生得《しょうとく》の歌人」（『後鳥羽院御口伝』）と評した西行《さいぎょう》、すなわち、佐藤憲清《のりきよ》も弓馬の事の故実を伝授していた。

西行の弓術口伝

文治二年（一一八六）八月十五日、俊乗坊重源《ちょうげん》の委託を受け、西行は東大寺大仏塗金《ときん》調達の勧進聖《かんじんひじり》として陸奥《むつ》国に赴いた。その途中、西行は、鶴岡八幡宮の鳥居の前に姿をあらわし頼朝と対面した（『吾妻鏡』文治二年八月十五日条）。有名な八幡宮放生会の流鏑馬の日における頼朝と西行の出会いである。

そのおり、頼朝は西行に歌道ならびに弓馬の事を尋ねた。西行は「弓馬の事は、在俗の当初、慭《なまじ》に家風を伝ふと雖《いえど》も、保延三《ママ》年八月遁世の時、秀郷朝臣以来九代の嫡家《ちやつけ》相承《そうしよう》の兵法《ひようほう》は焼失す。罪業の因たるに依つて、其事曾《かつ》て以て心底に残し留めず、皆忘却し了《おわ》んぬ。詠歌は、花月に対して動感するの折節は、僅《わずか》に三十一字を作る許《ばかり》なり」と、うっちゃるように返答した。西行の淡々とした声がいまにも聞こえてくるようであるが、彼は「秀郷朝臣以来九代の嫡家相承の兵法」を身に付けていたのである。だが、西行は出家者として、罪業の因として、みな忘却してしまったと答えた。また、歌の道は、花や月を見た感動を三十一文字に綴るだけで、特別の秘訣もないという。あっけない西行の返答ぶりに、頼朝は審問ともいうべき執拗な問いを続け、西行はようやく「弓馬の事」についてつぶさに答え、その言葉は記録として筆記され、要談は終夜に及んだという。

弓術の研修

西行が伝授していた弓馬の事は、その後も流鏑馬の模範として鎌倉の御家人たちにうけ継がれた。嘉禎三年（一二三七）七月、北条泰時は三浦義村《みうらよしむら》以下の宿老を集めて流鏑馬の故事と子細を談義させたことがあった。そのおり、海野幸氏《うんのゆきうじ》が流鏑馬に関する西行の口伝を開陳した（『吾妻鏡』嘉禎三年七月十九日条）。

海野幸氏は、馬上において、弓は水平ではなく、拳で斜めに押し立てて持つべきである、などと、それは佐藤兵衛尉憲清入道、つまり西行の言葉として披露した。おそらく文治二年（一一八六）、鶴岡八幡宮で頼朝と西行が対面したときに聞いた西行の「秀郷朝臣以来九代の嫡家相承の兵法」の一部を述べたものであろう。泰時はこれに関心を示し、以後は西行の説を用いるようにと座中の武士たちに諭告した。この席に和田義盛《わだよしもり》・望月重隆・諏方大夫盛隆・愛甲三郎季隆《あいこうさぶろうすえたか》たちがいたが、なかでも下河辺行平・工藤景光の二人が陪聴《ばいちょう》していたと『吾妻鏡』は書いており、先に掲げて紹介した「北条泰時書状」と連関する点があって興味ふかい。

鎌倉武士団の故実

鎌倉期の各武士団には、祖先の武勇を誇り、弓の持ち様など、武芸の様式はもとより、甲・箭など、武具の作り方まで、それぞれ祖先以来の故実・口伝があった。頼朝はこれらの相違に興味を示し、諸説を取捨選択して基準を定めようとした。このような試みは、北条泰時の執権時代にも繰り返され、しだいに武士の故実が固められたのである。

鎌倉幕府の重臣、小山左衛門尉朝政・下河辺庄司行平は、弓馬の術を体得し、その故実を伝授していた武将であった。ことに小山朝政をとりあげ、また、佐藤憲清＝西行の兵法伝授を史料で確認したのは、補陀落渡海した下河辺六郎行秀のことを書き残す『吾妻鏡』の一回きりの記事を、なんとか周囲から追究し、この補陀落渡海僧＝智定坊行秀を浮き彫りにしてみたかったからである。

『尊卑分脈』などによれば、小山氏と下河辺氏は、いずれも秀郷を曩祖とし、その末裔の同族であり、彼ら一党の奮闘は、治承・寿永の源平合戦から承久の乱にいたるまで、幕府の賞賛するところであった。とすれば、下河辺行秀も、建久四年（一一九三）、那須野の巻狩りで大鹿の一射を頼朝から命じられたほどに、弓術に秀でた下河辺氏の伝統的な秘技を享受していた御家人であったことは、もはや動くまい。行秀は、弓馬の達者たる者ゆえに、逆にまた射損じたがゆえに出家、逐電したのであろう。行秀と兄弟であったと推測される下河辺行平と工藤景光が語ったというように、鎌倉期の弓取りは「箭を放む度には、此矢ぞ最後、もし射はづしなば、二の矢をとらぬさきに、敵にも射とられ、又は生物にも喰殺さるべき身」と会得していた者たちであった。

また、「二つの矢を持つことなかれ、後の矢を頼みて、初めの矢になをざりの心あり、毎度たゞ得失なく、此の一箭に定まるべしと思へ」と『徒然草』が語っていた弓者の心得は、鎌倉の武家社会に連綿として明らかに生きていたのである。

智定坊の武士精神

射手として、たかが一矢、一回の失態とはいえ、行秀の出家・逐電の精神は、あり得たとしなければなるまい。そのような人物として行秀をとらえ、『吾妻鏡』の下河辺六郎行秀＝智定坊の補陀落渡海の記事を、読み切らねばならないだろう。

下河辺六郎行秀＝智定坊は、巻き狩りの失態を演じた四十年後に熊野那智浦から補陀落渡海した計算になる。彼の鹿狩りでの失態・出家がただちに補陀落渡海へと押しやった、と短絡的にいうことは無論できない。智定坊が補陀落渡海を決行するにいたった経緯と真意は、熊野での修行期間が鍵をにぎっているだろう。智定坊の熊野修行期間に何があり、彼の心中に何がおきたのか、それをいま、史料で明らかにすることは残念ながらできない。熊野の仲間に託して北条泰時に届けた智定坊の書状には、『吾妻鏡』に見える記事以外に何が書いてあったのであろうか。智定坊の書状をめぐっては、今もなお隔靴《かっか》搔痒《そうよう》の感がある。いずれにせよ、智定坊の補陀落渡海は、『吾妻鏡』のみの一件、一回記事とはいえ、補陀落渡海史を貫通する深い根を持っているのである。

実勝坊の補陀落渡海

湯浅氏と明恵上人

鎌倉時代の紀伊《きい》国在田《ありだ》郡一帯に大きな勢力を持っていた武士団として湯浅氏があった。一門同族が緊密に連合した典型的な党的武士団である。この湯浅氏一族から華厳宗《けごんしゅう》中興の祖として知られる明恵《みょうえ》上人（高弁《こうべん》）が出たことはよく知られている。明恵は耳切り法師として、あるいはまた、「あかあかや、あかあかあかや、あかあかや、あかやあかあか、あかあかあかや月」と、ただ感動をそのまま連ねた歌を残した月の歌人でもあった。父は平重国《たいらのしげくに》、母は湯浅宗重《ゆあさむねしげ》の第四女である。早く両親を亡くしたみなし児であり、九歳のとき叔父の上覚房行慈がいた京都の高雄神護寺《たかおじんごじ》に入寺した。文治四年（一一八八）出家、二十歳前後まで諸師について華厳・倶舎論《くしゃろん》を学んだ。

建久四年（一一九三）東大寺弁暁から朝廷に経典を講義する公請《くじょう》を勧められたが辞退、同六年秋に神護寺を出て紀伊国白上峰に庵居した。やがて同九年、神護寺再興に奔走していた文覚《もんがく》の請いによって高雄に戻り、この間、紀伊国筏立《いかだち》と高雄とを往返している。

建仁二年（一二〇二）インド仏跡渡航を企図したが、翌年春日明神の託宣によって断念、元久二年（一二〇五）ふたたびインド仏跡巡拝を企画したが中止した。建永元年（一二〇六）後鳥羽《ごとば》上皇より神護寺の別所栂尾《とがのお》を賜わり、高山寺《こうざんじ》を草創した。建暦二年（一二一二）十二月、法然の『選択本願念仏集《せんちゃくほんがんねんぶつしゅう》』に対して『摧邪輪《さいじゃりん》』を著し、専修念仏を論駁《ろんばく》した。次いで建保三年（一二一五）正月『四座講式《しざこうしき》』を書き、二月高山寺恒例の涅槃会《ねはんえ》を始めたという。そして、寛喜三年（一二三一）四月、湯浅氏一党の結集場所であった施無畏《せむい》寺《じ》本堂供養のため紀伊国に下向《げこう》、翌四年正月十九日、湯浅宗業《むねなり》たちに見守られながら高山寺で示寂《じじゃく》した。

このような生涯を辿る明恵上人の弟子僧に実勝上人があり、その実勝が補陀落渡海したという興味津々たる話がある。視野を広げていえば、湯浅氏一族の中から補陀落渡海した人物が出たのである。

『四座講縁起』の由来

明恵上人は建保三年（一二一五）『四座講式』を書き、同年二月高山寺で恒例の涅槃会を始めたが、その涅槃会の由来を説く『四座講縁起』なる一軸がある。天文十九年（一五五〇）の書写本である。異本として高野山正智院蔵『涅槃会四座講式縁起』（折本《おりほん》）がある。『四座講縁起』の四座講とは、寺院で営まれる涅槃講・十六羅漢《らかん》講・遺跡講・舎利《しゃり》講の四座の法要をいい、『四座講式』とは、このときに唱えられる仏・菩薩・祖師の徳を賛嘆した次第や法式書である。『高山寺明恵上人行状』（漢文行状）は、「建保三年乙亥春、涅槃講の其の式法を定め栂尾において行われる、四巻式を選び四座講を行う」とある。明恵がおこなった四座講は、京都高山寺の恒例の法要となり、多くの人びとが参詣、群集して大変な混雑であったらしい。

このような明恵の活動と『四座講式』の成立と流伝を説明する『四座講縁起』は、跋文に天文十九年二月十五日の年紀があり、甲州巨麻《こま》郡（現在の山梨県中巨摩郡若草町）加賀美山法善寺でおこなわれた涅槃会の敬白文であった。『四座講縁起』は明恵の行業と建仁年間（一二〇一～〇四）に紀州在田郡石垣庄糸野で始められた涅槃会と『四座講式』の継承について次のように記している。

其の後また、実勝上人これを相継ぎ、寛喜四年壬辰二月十五日より建長八年丙辰二月に至りて二十七箇年の間これを勤修《ごんじゅ》す。然《しか》るに彼の実勝上人、年来の宿願に依て、去《さりに》し康元二年丁巳正月二十七日に土州室戸津より一身一葉の船に乗して、補陀洛詣の素懐を遂げられ畢《おわん》ぬ（歳五十四）。

右の本文によれば、寛喜四年（一二三二）明恵の没後、釈迦入滅《にゅうめつ》日に営む涅槃会と『四座講式』は、実勝上人なるものが引き継ぎ、建長八年（一二五六）にいたる間の二十七年間にわたって（一説に十七年間）勤修したといい、かつ実勝上人は年来の宿願により、康元二年（一二五七）正月二十七日、土佐《とさ》国室戸から一身一葉の船に乗って補陀洛往詣の素《そ》懐《かい》を遂げたという。ときに五十四歳（一説に五十二歳）であったという。さらに、『四座講式』は実勝坊から成鑁《じょうばん》・定弁《じょうべん》と相承され、天文十九年二月十五日の涅槃会（甲州巨麻郡加賀美山法善寺）にいたると、この縁起（『四座講式』）の流伝をあきらかにしている。

実勝坊の補陀落渡海

実勝坊は康元二年（一二五七）正月二十七日、土佐の室戸津より一身一葉の船に乗って補陀落渡海を成し遂げた。四国の室戸は長保三年（一〇〇一）賀登上人が渡海した場所であり（貞慶『観音講式』）、享徳四年（一四五五）にも阿日上人が渡海したと伝えるように（『蹉跎《さた》山《さん》縁起』）、四国における補陀落渡海の場所として著名なところであった。『四座講縁起』は明恵の多様な活動の中で、『四座講式』の著述のみを記述しているにすぎないが、明恵伝の一節として実勝坊の補陀落渡海と、その渡海の出帆地として室戸を特記している点で無視できない文献であろう。

では、実勝坊とはいったい誰か。鎌倉時代の補陀落渡海の実像をうかがう上で、『吾妻鏡』に見えた智定坊とともに興趣ひかれる人物である。すでに予測できることは、実勝坊は明恵の一門、すなわち湯浅氏の系譜につながる人物であろうという点である。

湯浅氏の系図

湯浅氏の系図は『湯浅一門系図』（『崎山文書』）、『湯浅氏系図』（『施無畏寺文書』）、『湯浅系図』（『続群書類従』収録）以下の数種があり、たがいに若干の異同がある。今、別本『湯浅氏系図』（上山勘太郎氏蔵）には、実に注目すべき記事がある。

次ページの系図（図8）において湯浅宗重・宗景・宗弘と続く湯浅氏の中で、宗弘の子に弁海があり、彼は「実証上人」と呼ばれ、補陀落山に渡ったという注記がある。ここに見える「実証上人」が「実勝上人」であることは、推定を越えて断言してもよいだろう。『四座講縁起』に見えた実勝坊の補陀落渡海の記述と符合する点からも首肯できよう。

湯浅系図の諸本には異同があるとはいえ、高弁（明恵）の母が湯浅宗重の女《むすめ》であったこと、また、宗重の子、浄覚（上覚）が行慈房と呼ばれた明恵の叔父であり、明恵の神護寺

図8　湯浅氏系図

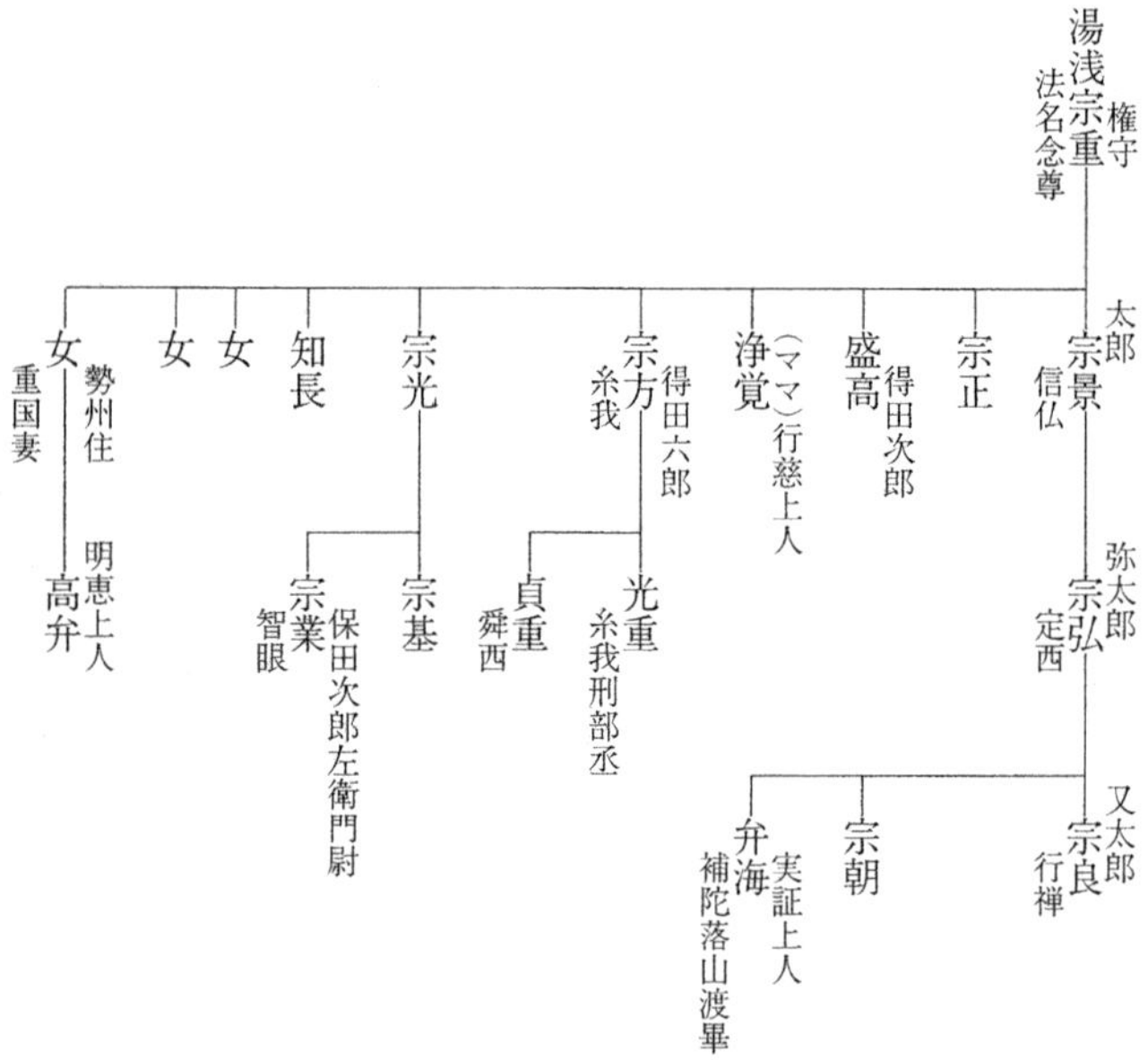
湯浅宗重 権守 法名念尊
宗景 太郎 信仏
宗正
盛高 得田次郎
浄覚 (ママ)行慈上人
宗方 得田六郎 糸我
宗光
知長
女
女
女 勢州住 重国妻
宗弘 弥太郎 定西
光重 糸我刑部丞
貞重 舜西
宗基
宗業 保田次郎左衛門尉 智眼
高弁 明恵上人
宗良 又太郎 行禅
宗朝
弁海 実証上人 補陀落山渡畢

入山の際の師であったことは諸文献が説くところで、右の系図もそのことを漏らしていない。実勝坊は右の上山勘太郎氏蔵系図のみに記載される人物とはいえ、すでに見たように『四座講縁起』が伝える実勝坊は、明恵の『四座講式』を相承して法脈を伝えた人物であり、もはや実勝坊が湯浅一族であったことは疑いなしといわねばなるまい。

さらにまた、明恵ゆかりの京都高山寺に伝わる『五趣生死輪図《ごしゅしょうじりんず》』の奥書に、「建□□年二月廿三日書写畢　實勝（花押）」とある「實勝」も同一人物であろう。『五趣生死輪図』は、栗原柳庵《りゅうあん》が江戸期の天保十年（一八三九）に描いた模写本であるが、白描の忠実な善写本で、図様は鎌倉初期をくだらないといわれる。奥書の「建□□年」については、鎌倉初期の建の字を冠する年号と、『四座講縁起』が伝える実勝の補陀落渡海の記事、康元二年（一二五七）、および、ときに五十四歳という記事を勘案すれば、建長二年（一二五〇）または同三年が最も有力である。実勝坊はたしかに明恵上人ゆかりの高山寺にも足跡を残していた。

『星尾寺縁起』に見える実勝坊

実勝坊の補陀落渡海は、湯浅宗業《むねなり》が弘長四年（一二六四）に書いた「智眼置文」（高山寺蔵）の一節でほぼ決定的となる。「智眼置文」とは、『星尾寺縁起』とも呼ばれる無表題の巻子本一巻で、七十歳に近い湯浅宗業（智眼）自身が筆をとったものである。一行二十数字、百七十行にわたる長文で、上部の一字ないし数字が欠損する難読の文書である。今、前半を省略して一部を示すことにしよう。

□の実勝房弁海南山渡海の事もこの所に
□住せられてのち、ことにおもひたゝれたりける
□年六月十八日、湯浅の浦をいてられぬ、同
□日の状にて、土州室戸より智眼のもとへたひ
□みに、所存のむねくはしくかきつかはした
□なり、これもこの所にしはし止住せられ
□ゆへかとまて、事のありさまおもひあは
□ほかた智眼か身にとりて、いまむかしの
□おもひつゝくるに、罪業のみあひつもりて
□いたすところの善根と申も、まことし
□らぬていなり。（以下省略）

弘長四年甲子

二月　日　沙弥智眼（花押）

右に示した『星尾寺縁起』（「智眼置文」）の本文によると、実勝坊弁海は、某年の六月十八日に紀州湯浅の浦を出て四国の室戸に渡り、これまでの想いを書いた書簡を宗業のもとに寄せた。それはとりもなおさず「南山渡海」、すなわち、補陀落渡海のことであった。実勝坊が補陀落渡海を思い立ったのは星尾寺（現在の有田市神光寺《じんこうじ》の一部）に身を寄せたのちであり、渡海の決行も星尾寺にしばらく止住していたことが機縁であったのであろう、と宗業はしみじみと述懐している。

湯浅宗業は父宗光から紀伊国保田荘の地頭《じとう》職を相伝《そうでん》して星尾にあった館に住み、弘長二年（一二六二）この館を利用して星尾寺を創建することがあった。『星尾寺縁起』はそうした星尾寺の開基《かいき》由来と事情を書いた宗業の信仰告白文でもあり、智眼という法名は、明恵上人示寂《じじゃく》の直前、在俗者としてはただ一人、上人の傍らに寄り添っていたおりに授かった「智眼誠心」であり、それほど宗業は明恵に帰依《きえ》した武将であった。

実勝坊と智定坊の補陀落渡海

実勝坊が湯浅の浦から直接補陀落山を目指さず、なにゆえ室戸に立ち寄ったのか、課題として残るが、なおまた次のような興味あることが浮かんでくる。それは智定坊（下河辺六郎行秀）が出家、遁世《とんせい》してから、やがて補陀落渡海にいたる決意を書いた消息を北条泰時に届けたというように（『吾妻鏡』）、実勝坊もまた渡海を実行するにあたって、室戸から「所存のむね」を詳しく書き付けた書簡を湯浅宗業に寄せており、その行動が共通している点である。実勝坊の補陀落渡海は、智定坊が渡海した二十四年後であった。そして、智定坊の渡海が湯浅氏の惣領地、糸我荘《いとがのしょう》から幕府に報告されたことは、当然ながら、湯浅一族の間に智定坊の補陀落渡海が脈々と伝承されていたことを想定してよいだろう。それゆえに実勝坊はさきがけとなる智定坊の補陀落渡海を知っていたに違いあるまい。

このように『星尾寺縁起』（「智眼置文」）は、実勝坊の補陀落渡海を史実として立証する重要な文書である。おもえば智定坊と実勝坊のこの二人の補陀落渡海は、立ち入ってみれば、どこまでも興趣つきないものがある。

明恵周辺の補陀落信仰

明恵は熱烈な釈迦信仰の持ち主で、二度にわたってインド仏跡渡航を計画した。しかし、春日明神の「天竺《てんじく》の御遊行ハ、我極テ歎思候ナリ……タ、日本国ニ置キ奉リテ、此国ノ導師トセム」（『明恵上人神現伝記』）という託宣によって中止を余儀なくされた。詳しい経緯については割愛することになるが、明恵の釈迦追慕に対する具体的な行動は、渡航計画を練った『印度行程記』など机上の計画とともに、湯浅湾に浮かぶ苅藻島《かりもじま》・鷹島《たかしま》に渡って、はるか彼方の天竺国を遥拝したこともあった。明恵が近海の島々に渡ったのは、仏跡巡拝の疑似体験ともいうべき実践行であったといえるだろう。

ところで、明恵上人の行実と思想を後世に伝えた弟子として喜海《きかい》がいた。喜海は明恵示寂後に高山寺の閼伽井坊《あかいぼう》（十無尽院《じゅうむじんいん》）に住持《じゅうじ》し、『高山寺明恵上人行状』（『仮名行状』）を著した弟子僧として有名である。その喜海が没する建長二年（一二五〇）以前には、明恵の弟子、空達房の追善供養《ついぜんくよう》のときに読んだと思われる「諷誦文《ふじゅもん》」を書き、補陀落往生を祈願している。明恵の弟子として、また、当時の南都仏教全体の釈迦回帰の流れとして、明恵、および、その周辺の人びとによる釈迦に対する恋慕渇仰を考えると、喜海の補陀落信仰は一見、不思議な思いに駆り立てられる。だが、明恵を支えた湯浅一門で、湯浅宗弘の子であった実勝坊の補陀落渡海を包摂して考えると、とりたてて異議を唱える必要もないだろう。

明恵と親交があった解脱房貞慶も『観音講式』で四国の賀登上人の補陀落渡海を付記しており、貞慶の笠置山から海住山寺時代は、ことに観音来迎に強い関心があった。貞慶の弟子、覚遍の『明本抄日記』にも「海住山ト付タリシモ二義有リ。海ハ観音ノ誓願海也。

其誓願ニ安住スル義也。又補陀洛ハ海中ニ有リ」とあって、貞慶の補陀落信仰を代理として吐露している。明恵とその周辺の人びとの釈迦信仰は常に説かれるが、彼らの心中には観音信仰が共存していたといわねばならない。

明恵と実勝坊

明恵と実勝坊の位置関係について確認しておきたいことがある。およそ明恵が高山寺でおこなった恒例の行事として、涅槃会の他に授戒会《じゅかいえ》があった。嘉禄元年（一二二五）六月から高山寺本堂で始まったという明恵の授戒会は、「梵網《ぼんもう》菩薩戒本《ぼさつかいほん》」によって毎月十五日と晦日におこなわれたという。たとえば、『明月記《めいげつき》』の記主、藤原定家は、「天下の道俗、仏在世の如く、其の場に列す」（寛喜元年〈一二二九〉五月十五日条）と書いており、高山寺授戒会に多くの人びとが集まり、あたかも仏在世のようであったという。そうした明恵主催の授戒会を記録したものに『栂尾説戒日記』がある。この『栂尾説戒日記』は、寛喜二年八月十五日から十一月三十日まで、八回の授戒会の様子を綴っており、八月十五日の授戒会に「正達房・義林房・円道房・禅浄房・法智房・義淵房・禅忍房・順行房・恵日房・順正房・十眼房・尊順房・了達房・明浄房・実証房・真教房・戒月房・長円房」が着座衆として参加していたとある。彼ら着座衆十八名の中に「実証房」とあるのは、『湯浅氏系図』（上山勘太郎氏蔵）に見えた「弁海」＝「実証上人」、あるいは『星尾寺縁起』（「智眼置文」）に見えた「実勝房」であろう。そして、高山寺に伝わる『五趣生死輪図』の奥書に名を残した「實勝」が、ここであらためて想起される。もとより、強引な断定は避けておきたい。とはいえ、右、十八名は、当時の明恵教団を構成していた僧たちであることはまず疑いない。とすれば実証房（実勝坊）は、やはり青年僧として、明恵の一門として授戒会に参加した弟子僧であったと考えられる。

十三世紀の中葉、智定坊（下河辺六郎行秀）のあとに続くように、実勝坊は湯浅湾を出て室戸に渡り、やがて康元二年（一二五七）に補陀落渡海した。実勝坊は、湯浅宗弘の子であり、かつ明恵上人の弟子であった。しかして実勝坊の「弁海」は、明恵の「高弁」の「弁」を相承した僧名と思われる。

実勝坊弁海の補陀落渡海は、湯浅宗光の館の後身であった星尾寺に止住したのが機縁であったと宗業が述懐しているが、星尾の地は、とりもなおさず明恵がインド仏跡巡拝を断念した遺跡でもあった。実勝坊は湯浅一族に伝えられていただろう智定坊の補陀落渡海を知り、さらに明恵の仏跡巡拝の素志を弟子として何らかのかたちで果たそうと思っていたに違いない。つまり、実勝坊の補陀落渡海は、先行する智定坊の補陀落渡海と、明恵の釈尊遺跡渡航計画とが、実勝坊の胸中に働いていたのではないか、と私は考えている。

日秀上人の補陀落渡海

日秀上人の生涯

十六世紀初頭に熊野《くまの》の那智《なち》海岸から補陀落渡海《ふだらくとかい》をこころみ、下から突き上げる波に揺られながら沖縄に漂着した僧があった。日秀《にっしゅう》上人である。日秀は文亀二年（一五〇二）ごろ上野国《こうずけ》に生まれた。一説に加賀《かが》国出生説があるが上野国が正しい。彼は十九歳のおり誤って人を殺め、その逆縁によって発心《ほっしん》し、高野山《こうやさん》で出家したと伝える。その直後、那智の海岸から補陀落渡海をこころみ、沖縄東部の金武《きん》の海岸に漂着し、当地に補陀落院観音寺を建立した。今も沖縄県金武町に残る観音寺である。その後、沖縄各地の神社仏閣の再興に従事した。特に那覇《なは》の波上権現《なみのうえごんげん》護国寺に拠点をおき、熊野神の本地仏《ほんじぶつ》を造って奉納した。銘に「日本上野国住侶渡海行者」と刻み、どうど

図9　金武観音寺（沖縄県金武町）

うと補陀落「渡海行者」と宣言している。日秀上人は寺社再興を請け負う勧進聖でもあり、仏像を彫刻する仏師でもあった。

日秀はやがて薩摩《さつま》国にあがり、戦国武将島津氏の庇護を得て各地の寺社再興に身を投じた。天文二十四年（一五五五）薩摩国坊津《ぼうのつ》の一乗院多宝塔に金剛界五仏を自刻し、釈迦像の心柱に「日秀上人補陀洛より来りてこれを作る」と銘を墨書した。日秀は大隅正八幡宮《おおすみせいはちまんぐう》（現在の霧島《きりしま》市隼人《はやと》町鹿児島神宮）の復興事業にも身を投じ、八幡宮内に正護寺（補陀洛山密常院）を建て再興勧進活動の拠点とした。

その後、日秀は薩摩領内で活動するかたわら、大隅正八幡宮の裏手の丘陵に三光院（金峰山神照寺三光院）という求聞持堂《ぐもんじどう》を建て、島津氏の護持僧としての地位を高めた。三光院は明治初期の激しい排仏毀釈《はいぶつきしやく》にもかかわらず、彼の名をとった日秀神社として現存する。いかに地元住民による日秀信仰が篤かったかを物語っている。天正三年（一五七五）を最後に日秀は三光院内に入定《にゆうじよう》した。日秀は補陀落渡海と入定の二つの捨身《しやしん》行を実践した僧であった。鹿児島県霧島市隼人町の旧三光院（日秀神社）は日秀入定の跡地である。入定すること三年、日秀は天正五年九月二十四日、その生涯を閉じた。

日秀という傑僧を解明する課題は山積している。とはいえ、日秀上人に関する史資料は補陀落渡海僧としては驚くほど残っており、これほど復元できる人物はほかにいないだろう。日秀の話は、史料・伝承・説話・遺品など、これらが一束となり日秀神社周辺に今も生きている。では、項目をたてて、補陀落渡海僧日秀上人をあらためて紹介することにしたい。

日秀上人の出自

日秀上人は、加賀国富樫《とがし》某の一子であり、十九歳のおりに一人を殺害した逆縁《ぎやくえん》によって懺悔《ざんげ》、発心《ほつしん》し、高野山にのぼって出家したという。おおかたの日秀縁起はそのように語り、俗名はいっさい語らない。要は日秀上人は加賀国の出身という。

しかし、『開山日秀上人行状記』（薩摩藩『神社調』）は「姓は上野富樫の苗裔《びょうえい》也」と説き、日秀の出自を上野国とする。「富樫の苗裔」とは、史上で名高い加賀国富樫氏との混同を示しているが、日秀上人は上野国の人であったというのである。実際、沖縄の諸資料によると、たとえば、日秀が明《みん》暦の嘉靖二十三年（一五四四）に波上山護国寺に自刻、安置した熊野神本地仏の阿弥陀・薬師・観音像銘には「日本上野国住侶渡海行者」とある。永禄四年（一五六一）日秀が良源に授けた「弁財天法印信」（『日秀神社文書』）にも上野とし、さらに永禄十二年薩摩大乗院塔頭の西寿院に建てた石碑にも「本願上野住侶、日秀上人」とあり、彼の本貫は上野国であった。いずれも『開山日秀上人行状記』がいう上野出自説と符合することになる。どうやら日秀の加賀国出自は誤伝であり、『開山日秀上人行状記』以外の日秀加賀国出生譚は、あとから書き換えられた話であろう。とすれば、日秀上人の縁起や伝記の中で、最も初期に成立した『開山日秀上人行状記』は、当初の伝承を保っていることになり、十七世紀末までは日秀の上野国出生説が残っていた。だが、上野国出自から加賀国出自説に移行した理由は依然として不詳であり、今後の課題である。

日秀上人の那智出帆説

日秀上人は補陀落山を目指して出帆したが、その船出の場所について縁起・伝記諸本は黙して語らない。日秀出船の場所を唯一伝えるのは『慶長《けいちょう》見聞録案紙《けんもんろくあんし》』と、それを引用した伴信友《ばんのぶとも》の『中外経緯伝草稿』のみで、それらは場所を「紀州那智」としている。それも、日秀那智出帆説の直接の典拠は『八嶋の記』という書物であった。

『慶長見聞録案紙』によると、慶長十四年（一六〇九）島津家久が琉球《りゅうきゅう》に侵攻したが、周辺の島々について「内府様」、すなわち徳川家康は不知、不聞で、公家衆や儒者たちに尋ねたが誰も知らなかった。そこで九州にいた「玄蘇《げんそ》」という禅僧が『八嶋の記』を献上したという。続けて『慶長見聞録案紙』は、次のように話を続ける。

> 近来薩摩江通しける事、薩州に日種聖人と申す道心第一の僧あり、常に観音、弁天を祈る。紀州那智江行て、此処《ここ》より補陀洛山観音世界へ渡る事有り、日種聖人も那智浦よりうつほ舟を作り、外より戸を打付させ、風に引れて七日七夜ゆられて、琉球国江流寄る。

右に見える「日種聖人」が「日秀上人」であろうことは、まず疑いない。日秀は紀州の那智から補陀洛山観音世界へ渡ろうとして「うつほ舟」を造り、戸を打ち付けさせ、風に吹かれて七日七夜ゆられ、琉球に流れ寄ったのだという。舟の戸を打ち付けたというのは、『吾妻鏡』にある智定坊の補陀落渡海の記事と似ている。鎌倉時代における補陀落渡海の行儀・法則が中世末期まで伝えられていたのであろうか。

景轍玄蘇の『八嶋の記』

『八嶋の記』を家康に献じた玄蘇とは、戦国期から江戸初期にかけて活躍した臨済《りんざい》宗中峰派の景轍《けいてつ》玄蘇のことであろう。玄蘇は天文六年（一五三七）の生まれで、仙巣または東軒と号した。九州博多の聖福寺住持を歴任し、天正八年（一五八〇）対馬《つしま》の島主、宗義調《そうよししげ》の外交顧問として招聘《しょうへい》を受け対馬に移り、慶長二年（一五九七）には対馬に以酊庵《いていあん》（臨済宗《りんざいしゅう》寺院）を建立した。その後、慶長十四年には朝鮮に渡って「己酉約条《きゆうやくじょう》」＝慶長条約（対馬藩と朝鮮国王間との修好通商条約）の成立に参画した。

玄蘇は、豊臣秀吉や徳川家康の命を受け、朝鮮外交に尽力した禅僧であった。その彼が琉球や南西諸島について記す『八嶋の記』を持っていたのであり、家康に進呈したというのである。残念ながら『八嶋の記』については、『慶長見聞録案紙』が述べる内容以外はわからない。ただ、景轍玄蘇は朝鮮外交の任にあたった僧であったから、琉球を含めた南方諸島に関する情報や知識を身に付けていたであろう。いや、その確率は高いといわねばならない。その『八嶋の記』に日秀の那智からの補陀落渡海と琉球着岸が記録されていたのである。玄蘇は琉球の海を越えて聞こえてくる日秀上人を知っていたかもしれない。このような憶測が生まれる。二人は、ほぼ同時代を生きた僧であったからである。

日秀上人の沖縄漂着

日秀上人の縁起や伝記諸本は、おおむね共通した本文で構成されている。しかし、随所にわたって若干の異同が見られる。共通していることは、日秀が補陀落渡海をこころみ沖縄に漂着したという点である。その場所は金《き》武《ん》の海岸であった。

『開山日秀上人行状記』(『神社調』)は、このときの日秀の様子について、「一葉に乗りて未だ舟中を開かず、惟《た》だ三衣《さんえ》一鉢《いつぱち》也。元より数旬の間、穀漿《こくしよう》(食糧と水)は無く命を支ゆ。然りと雖《いえど》も、顔炎は人に過ぐ」と書いている。また、琉球王朝史『球陽《きゆうよう》』によると、明暦の正徳年間(一五〇六〜二一)に日本人僧日秀上人が琉球金武村に来て社宮を建てたという。さらに、『金峰山補陀落院観音寺縁起』(『琉球国由来記』)によれば、明暦の嘉靖年中(一五二二〜六七)に日本の日秀上人が金武の富花《ふつか》(現在の福花)海岸に到着したと記述している。福花は金武観音寺の東部に流れる現在の億首川《うくくびかわ》の河口である。『琉球国旧記』(『日秀上人伝』)も「琉球国金武郡属地富花津に到る」としている。

このように、沖縄の諸書は日秀上人の金武漂着と観音寺建立を伝え、金武が日秀の沖縄活動の最初の基地となった。そしてなお、日秀が乗ってきた舟は金武観音寺の宝物となったという（『三国名勝図会』）。

補陀落浄土としての金武

日秀上人が漂着したという金武については、『琉球国由来記』収載の『金峰山補陀落院観音寺縁起』が嘱目《しょくもく》に値する。本文に「誠に補陀落山たるを知んぬ、又何《いず》くの所へ行きて、之を求めんや、錫《しゃく》を留めて安住せん、幸いなる哉《かな》、此の地霊なり、北方に向へば、蓬莱《ほうらい》に似たり、富登《ぷーと》嶽《だけ》有り、衆峰羅立して、児孫に似たり、前に大湖有り、池原《いちばる》と名づく、日に塵垢《じんこう》を洗ひ、般若の船浮かぶ」とある。日秀は金武を「補陀落山」と思って留まり、「金峰山三所大権現」を祀ったのである。金武観音寺の北西にある富登山《ぷーとさん》は補陀山《ぷとさん》に通じ、池原はかつて存在した大湖である。金武の景観は、古くから想像された補陀落世界の景観と似ていたのであろう、日秀は、金武を補陀落山と見做《みな》したに違いあるまい。

波上山権現護国寺と日秀上人

日秀上人の名声と金武での活動は島民に響き渡り、那覇の国王に耳に届くようになった。中山王《ちゆうざん》は聖人が来足した夢を見て、ただちに勅命を諸港に下し、日秀上人を那覇へ招聘した。中山王は日秀に参内《さんだい》を許し、沖寺への入寺を命じた。沖寺は臨海寺とも呼ばれ、かつて那覇市北側の通堂から三重城にいたる浮道の途中にあった寺院である。臨海寺（沖寺）は、日秀上人ゆかりの寺院となった。このように日秀上人の沖縄での活動は金武から那覇に移り、当地に存在した波上山権現護国寺が拠点となった。

波上権現社（現在の波之上宮《なみのうえぐう》）は那覇港に向かう崎原岬の断崖上に鎮座する。「波上山権現縁起並熊野三所権現由来事」（『琉球国由来記』）によれば、日本の熊野権現を祀り、本地仏は阿弥陀・観音・薬師という。慶長八年（一六〇三）琉球に渡った浄土僧袋中《たいちゅう》上人も注目しており、著作『琉球神道記』（巻五）に「波上権現事」として、日本熊野権現の垂迹《すいじゃく》霊験譚《れいげんたん》を書き残している。

波上山護国寺は、現在、那覇市若狭にある。波上権現の別当寺（神宮寺）であった。高野山真言宗で波上山三光院と号する。徐葆光《じょほこう》著『中山伝信録《ちゅうざんでんしんろく》』は「護国寺。波上の坂道にある。国王の祈願所である。旧名は安禅寺。海山寺ともいった。三光院ともいわれる」と書いている。波上山護国寺の院号が三光院であったことは特に興味を引く。というのは三光院の院号は、日秀が入定することになる鹿児島隼人町の三光院と同名であるからである。

図10　日秀製作の熊野三所権現本地仏（護国寺旧蔵）

日秀上人は、明暦の嘉靖二十三年（一五四四）波上山権現の本地仏（阿弥陀・薬師・観音）を自刻して護国寺に納めた。『琉球国由来記』は、嘉靖二十一年から嘉靖二十三年にかけてみずから弥陀・薬師・観音の三尊正体を刻したという。そして、「日本上野国住侶渡海行者広大円満無礙大悲大願日秀上人……大明嘉靖二十三年甲辰十二月大吉日敬白」という「軸銘」を載せている。具体的でかつ信憑性が感じられる。その日秀製作と思われる本地仏が写真として残っていた（図10）。きわめて貴重であり、今後、詳細な調査を期待したい。

金剛嶺経塚

沖縄における日秀上人の活動の中で、彼は明暦の嘉靖三年に首里《しゅり》と浦添《うらぞえ》を結ぶ道に妖怪退散のために小石に経文を写し、松山の山中に埋め、そこに石碑を建てて「金剛嶺」の三字を刻した。『球陽』（巻三）尚真王四十八年（一五二四）条は、「日秀上人有り、金剛経を小石に写し、これを此の嶺に埋め、即ち碑石を建てて以て妖魔を圧す、その碑石に金剛嶺の三字有り」と書いている。『琉球国旧記』には「経塚、首里より浦添邑に往く大路に在り、東の傍の松山中、また金剛嶺嶽と称す。……碑石に大書の金剛嶺三字有り」と見える。金剛嶺碑は浦添市経塚地区に現存する。六段の石組みの上に自然石を置き、地元では「チョウチカ」と呼んでいる。また民俗伝承によると、日秀

図11　金剛嶺碑（沖縄県浦添市所在、大部志保撮影）

が石碑を建立してからは妖怪は出なくなり、そこで地震の時も「チョウヌチチカチカ」（キョウノツカツカ）という呪文を唱えて地震を鎮めたという。この呪文は広く南島諸島一帯にも聞かれ、日秀の経塚伝承が垣間見られる。

沖縄の滞在期間

日秀上人は明暦の正徳十六年（一五二一）ごろ熊野那智から沖縄金武に漂着し、やがて中山王に招聘されて那覇に移り、波上権現護国寺を拠点に寺社再興に身を投じた。日秀上人の縁起や伝記は、沖縄に滞在すること三年とするものが多いが、『琉球国旧記』に「上人留まること波上に在り、已《すで》に三年を経る」とあるように、波上権現護国寺拠点期間が三年であり、沖縄滞在期間すべてを指しているのではない。波上権現護国寺奉納仏の嘉靖二十三年を最後として日秀の記録は消えるが、その後も沖縄各地で活動を続けたと思われる。『日秀上人行状記』は沖縄に「留滞すること三十年」と記録しており、他の伝記に見えない特異な記述として注目される。

薩摩国に移る

日秀上人は琉球との別離を決心した。彼は沖縄をはなれて薩摩へ渡り、各地の神社仏閣の再興を企図していた。しかし、琉球王の日秀に寄せる期待は大きく、なお琉球に留錫《りゅうしゃく》するよう執拗な説得が続いたという。『日秀上人縁起』（日秀神社蔵）は、「王曰く、朕願はくは、和尚をして長く吾国に留め、万民を化せしめんと。……上人亦《ま》た日来、我れ本朝に帰り、破壊の仏閣伽藍《がらん》を建立せんことを念願す。此の願ひに依つて暇を乞ひ帰国を催し、船を坊津《ぼうのつ》に寄せて一乗院に三重塔を建て、手づから五仏の像を彫刻し、塔内に安置す」と書いている。他の縁起伝記も大同小異である。

日秀上人の薩摩での最も早い記録は、『三国名勝図会』収録『日秀上人伝記』に見える薩摩国分の正護寺（大隅正八幡宮護摩所）建立である。それは天文二十年（一五五一）と伝える。そして、最も確実な活動は、諸史料が一致して記録する天文二十四年薩摩坊津一乗院多宝塔に金剛界五仏を刻して奉納したことである。

金剛界五仏の銘文によれば、阿閦《あしゅく》如来・宝生如来・大日如来の大檀那として島津尚久・貴久《たかひさ》・忠良《ただよし》があり、阿弥陀如来の檀那として頴娃《えい》左馬尉兼堅《かねかた》、釈迦如来の檀那として坊津住人であった曾山入道道珎《どうちん》があった。そして、日秀は釈迦如来の心柱に「本願日秀上人、補陀洛より来りて之を作る、上野国住人」「天文廿四年乙卯十月十二日」と書き付けた。彼は「補陀洛より来りてこれを作る」と、自分は補陀落に渡海した僧であり、上野国の出身であったことをここでもあきらかにしている。

屋久島に渡る

補陀落渡海僧を肩書とした日秀の活動は実に多岐にわたっている。坊津一乗院の再興事業もその一つであるが、薩摩大隅正八幡宮（現在の鹿児島神宮）の再興事業も薩摩領内に彼の声望を一段と高めた仕事であった。その大隅正八幡宮再興にあたり、日秀上人は屋久島《やくしま》に渡り、諸堂再建用の材木を切り出したという。『日秀上人伝記』は次のように記述している。

上人其良材を求めんと欲し、独り扁舟《へんしゅう》に乗して、南海の屋久島に至り、其山岳に登り、良木を撰ぶ。大文字にて隅州正八幡宮材木と記す。既《すで》にして其木を悉《ことごと》く山中の大河に入る。一日雷雨大きに起り、洪水となりて、諸材悉く海中に漲《みなぎ》り出つ。既にして上人舟に乗じて鹿児島に帰り、行屋の観音堂に留宿す。三日ありて鹿児島の海上に諸材木流《ながれ》過き、宛《あたか》も舟船の風に任するが如く、国分浜市《はまいち》の汀渚《ていしょ》に流れ留る。時に世人悉く上人の神異に驚服す。

日秀は右の伝記が語るように、実際に屋久島に赴き、正八幡宮再興の良材を提供したのであろうか。伝承と史実をめぐって検討しなければならない。そこで、大隅正八幡宮に伝わる沢永堅《さわえいけん》（正八幡宮神主）宛「日秀上人書状」がにわかに注目を浴びることになる。日秀書状は年紀不詳の難解な文書で、文意を読み取れない部分もあるが、日秀は八幡宮の弥勒堂と籠所《こもりしょ》付近を沢殿に預け、用木使用についても沢殿の判断にまかせるとして、材木伐採の許可を承認している。要するに、「日秀上人書状」は用木使用・伐採をめぐる正八幡宮再興事業に関わる書状であったことが推断できる。

日秀上人書状

『日秀上人伝記』が「上人其良材を求めんと欲し、独り扁舟に乗して、南海の屋久島に至り、其山岳に登り、良木を撰ぶ」と語るのは、このような日秀の屋久島渡航と正八幡宮再興の良材伐採活動を示している。それにしても補陀落渡海僧の書状がよくぞ残ったと驚きを禁じ得ない。

日秀の大隅正八幡宮再興に関わる説話として、彼が屋久島から杉の実を持ってきて境内に蒔き、やがてその杉が再興の用木とされた、という話もある。『日秀上人伝記』に「八幡社に杉林あり。是上人屋久島に渡りし時、杉実を拾ひ来て蒔植けるとぞ。今に其碑銘あり。かくて上人其材木を以て八幡社、及ひ諸堂末社を再興す」とある。現今の鹿児島神宮を訪れると、たしかに境内に「正宮山植杉記」と書いた顕彰碑を発見することができる。

三光院の建立

永禄三年（一五六〇）、大隅正八幡宮の遷宮祭が盛大に催されたのち、日秀は正八幡宮の東北にあたる山手に三光院を建立した。日秀が建立した三光院は日秀が求聞持法《ぐもんじほう》をおこなう堂であり、本尊は日秀自刻の千手観音であった。残念ながら本尊は伝来しない。三光院は正式には金峰山神照寺三光院と号した。明治初期の神仏分離によって廃寺に追い込まれたようであるが、熱心な地元の人びとの信仰と努力によって、日秀上人の名をとった日秀神社として現存する。

『三国名勝図会《さんごくめいしょうずえ》』は三光院について、「当寺は正八幡宮の後山にありて、前は南海を目下に尽し、桜華岳を席上に収め、沿海の連山広田、遠近布列して、其眺望佳絶とす。山下より岩磴《がんとう》を三四町登れば、茅屋《ぼうおく》あり、通堂《とんどう》と名つく。左右に名仏三十体を安す。皆上人の作なり。客殿の後に石室あり、石室の上に霊堂を建つ、即ち入定所なり」と紹介している。『三国名勝図会』が三光院の周囲景観について美辞麗句で賛嘆しているように、実際に現地を訪れて眼下を遠望すると、そこには神造島や弁天島などが浮かぶ錦江湾《きんこうわん》（鹿児島湾）

図12　日秀神社から望む錦江湾

が広がり、目の高さには桜島が一望できる。まことに絶景というべき場所である。

　丘陵の野道から三光院に登る参道の左右には、日秀自刻の石仏が立ち並んでいた。その参道の道筋は「通堂」と呼ばれていた。「通堂」は「とんどう」と読むのであろうが、現地ではすでに忘れられている。とはいえ、那覇港から沖縄臨海寺（沖寺）にいたる那覇埠頭周辺の「通堂」と同じである。また、三光院とは波上権現護国寺の院号でもあり、したがって、日秀は琉球の波上護国寺や臨海寺の景観を意識して薩摩に三光院を建立した、といわねばならない。それほど日秀上人にとっては琉球時代が忘れられず、かつ沖縄時代での活動こそが日秀の薩摩における支柱となっていた。なお、沖縄県では現在でも「通堂」は町名として残り、「通堂町《とんどうちょう》」と呼んでいる。

日秀上人の入定

補陀落渡海僧日秀上人は、天正三年（一五七五）十二月、三光院内に入定《にゅうじょう》した。『開山日秀上人行状記』（『神社調』）によれば、島津義久は日向北部の戦国武将伊東氏の南下を阻止するため日秀に降伏祈願を命じた。その祈禱は「阿毘舎盧伽法《あびしゃろかほう》」（阿毘遮嚕迦法）といっている。それに対し日秀は「厳命を蒙ること我れ肱《ひじ》を三折し四種代修す也。……身命を捨てて成るにしかず」と答え、尋常な修法では完遂できないので入定を決心し義久の要請に応えたのであった。ときに七十三歳であった。

日秀入定の情報

日秀上人の縁起や記録が叙述する日秀の入定については、島津氏の家老であった上井覚兼《うわいかくけん》が日記に書いており、いつわらざる出来事であった。『上井覚兼日記』天正三年（一五七五）十二月二十日条によると、この日、覚兼のもとに訪れた和光院僧（日置郡冠岳の頼重法印）は、覚兼に（十二月）「今月八日」に日秀上人が入定したことを報告している。『日秀上人行状記』A本は「十二月八日之暁」、『日秀上人伝記』は「寅の刻より始まり」と記し、入定の月日、時刻まで伝える。

日秀上人の入定で注目されるのは、入定の場所や定室の形態、および、内部構造がよくわかる点である。たとえば、『開山日秀上人行状記』に「三光院の丑寅《うしとら》の方の当りに、岩上の平地に方一間の定を立て、定中に石座を布《ふ》し、四壁《しへき》を塗《ぬ》り籠《こ》め四十九院《しじゅうくいん》を書く。定の東に方二寸の円窓《えんそう》有り、是は明星を拝せんがため也」とあるように、日秀は三光院の丑寅の方角に入定室を造った。これは単なる記述ではなく、入定地が何らかの「儀軌《ぎき》」（法則・法規）に基づいて三光院から丑寅の方、すなわち北東（鬼門）に造られたことを示唆している。

入定室の内部構造

また、日秀の入定室は方一間であり、定中に石座を敷き、中の四壁を塗り籠めて「四十九院」が造られていた。四十九院とは、四門《しもん》と呼ばれる四つの鳥居を連結する忌垣（塔婆）である。要するに四十九本の塔婆であった。四門と四十九院は、後述するように補陀落渡海船にも組まれた。つまり、入定室と補陀落渡海船の内部構造は同一視されていたことが理解できる。

日秀上人の入寂

日秀は入定を続けること約二年弱、天正五年（一五七七）に絶息した。日秀上人の縁起や記録は、いずれも天正五年九月二十四日とし、各諸本とも一致している。この間の状況について『日秀上人伝記』(『三国名勝図会』)は、「入定するや、天正三年十二月八日、寅の刻より始まり、同五年九月廿四日入寂す、時に七十五歳なり」、「およそ三年の間、誦経《ずきよう》の音外に聞へしに、是秋九月二十四日、誦経の音断絶したりければ、弟子等悲みて、定室を叩き問ふに、遂に応ずることなし。因《よつ》て是日を入寂の日とす」と語る。

現在、日秀上人の入定遺構は裏手から三光院(日秀神社)の横に移され、小さな阿弥陀堂が建てられている。江戸時代に移建、整備されたのであろう。その阿弥陀堂の奥部下に日秀の遺骨を納めた石塔があり、その背後に多くの仏名を梵字で刻した元亀三年の角柱石塔婆がある。遺骨石塔は、相輪・笠・塔身・基礎石からなる宝塔である。軸部の銘文によると、三光院の本寺であった薩摩大乗院僧快意が、寛文七年(一六六七)八月、日秀上人の夢告を受け、九月二十五日に定室を開いた。遺骨は燦然《さんぜん》として残り、それを拾い石塔に納めたのだという。日秀上人の入寂からちょうど九十年後のことであった。

仏師としての日秀

補陀落渡海僧日秀は、法華行者や廻国《かいこく》六十六部聖《ひじり》であると同時に、仏像を彫刻する仏師でもあった。数多い日秀の仕事の中で、『日秀上人伝記』は「上人壮歳より土石を聚《あつ》めて、仏塔を作り、良材を得、仏像を刻む。一生の間、三世諸仏の三摩耶形《さんまやぎょう》（諸仏が所持している弓・塔婆・宝珠・剣の類）八万四千体に及び、……上人手刻の仏像頗《すこぶ》る多し」と述べている。日秀の造像活動は多岐にわたり、それは石像でもあり、木像でもあった。日秀上人はすでに沖縄時代からさかんに仏像を製作し、各地の要所に奉納、安置していたが、薩摩においても造像活動を展開した。ただ、日秀作の仏像で遺存しているのは皆無に等しく、したがって、文献上から日秀仏を確認することになる。

日秀仏の特徴

今ここに、詳しい日秀仏の作例は割愛することになるが、彼の製作にかかる仏像類は、文献や遺存例から六十体弱を検出できる。実際はまだ多くの数にのぼっていただろう。全体の作風については現存仏が少なく説明できないが、観音石棺仏の彫りは深く、各部分は緻密である。日秀は、いつごろ、どこで、誰に、造像の技術を習い伝授されたのであろうか。彼は、熊野那智から補陀落渡海をこころみ、琉球の金武に漂着した直後に熊野本地仏を観音寺に安置したというから、すでに仏師としての素養を身に付けていたことになる。

日秀の仏像は木像もあるけれど、石仏も残し、また、像高が三寸五分から一尺二寸というように、一〇チセン前後から三三チセン前後の極小または小像であった。これらは持仏として機能した反面、小像は厨子《ずし》や笈《おい》に入れることが可能であったことを示している。これらは諸国を遊行する行者や廻国六十六部聖や修験山伏の持ち運び可能な小像であり、日秀も六十六部の廻国行者として、これらの小像を笈に入れて廻ったに相違ない。その点、日秀上人は修験の道を心得た人物であり、補陀落渡海者は多様な資質を持ち合わせていた、といってよいだろう。ちなみに日秀が背負っていた笈には、「奉修虚空求聞持法十箇度　日秀照海」の銘があった。

日秀上人の遺品

元禄十年（一六九七）、島津久住（加治木家）と内室は、日秀遺品の保存に努めた。ことに二人は日秀上人の特別の信者であり、三光院の大檀那であった。また、三光院の本寺であった大乗院僧覚慧と、当時の三光院主であった空忍たちは、残されていた什物を整理し『隅州三光院什物ノ記』（日秀神社蔵）を書いた。覚慧と空忍たちがまとめた『隅州三光院什物ノ記』は、十七世紀末の三光院の概要や日秀遺品をうかがえる文献である。日秀遺品として、眼鏡・硯・笄《こうがい》など六点をあげ、その由来をしたためている。天保十四年（一八四三）に編纂された『三国名勝図会』は、日秀遺品として脇差の小柄笄・浄土宗融通念仏巻物《ゆうずうねんぶつまきもの》一軸・木製五鈷杵《ごこしょ》・日秀硯石・日秀出影像一軸・鮑殻《あわびがら》など九点をあげ、その他、日秀作という虚空蔵一躰・不動明王一体・歓喜天銅像一体・五仏五体・地蔵・諸観音三十体を書きあげている。

図13　日秀を沈没から救ったと伝える鮑（霧島市立隼人歴史民俗資料館保管）

日秀を救った鮑

日秀上人に関わる遺品の中でも特に鮑の話はおもしろい。日秀が補陀落山に渡るとき、船底の穴を塞いで沈没から救ったと伝える鮑である。現在、霧島市立隼人歴史民俗資料館に委託保管されている。鮑伝承は初期の日秀縁起である『開山日秀上人行状記』（『神社調』）がすでにふれており、少なくとも元禄年間（一六八八〜一七〇四）には日秀の鮑伝説が成立していた。現存する鮑の中央部はすっぽりと欠けている。ところが内側に目を凝らすと「南無阿」の字が浮き彫りされており、これが「南無阿弥陀仏」であったことは異論がない。いつ、誰が、この鮑を三光院に納めたのか、と疑問や興味がわいてくる。

日秀と鮑伝承は、花山《かざん》法皇が那智滝壺に放たれた九穴の鮑が成長し、那智飛滝の水を身に浴びるものは長寿になるという『源平盛衰記』（巻三）の説話と無関係ではあるまい。

日秀縁起が語る鮑の説話は、日秀と熊野を結び付けるうえから生成された話であったろう。

およそ補陀落渡海の文献史料は、渡海がおこなわれたこと自体を記録するが、その後どうなったのか、結果を述べる史資料は皆無といってよい。むしろ補陀落渡海の記録は、渡海の結果ではなく補陀落渡海という行為そのものに目が注がれた。

日秀上人の遍歴

日秀は補陀落渡海をこころみ、沖縄に生還し、やがて薩摩において活動を展開した。そして日秀は入定し、天正五年（一五七七）七十五歳の生涯を閉じた。短絡的に計算すれば彼は文亀二年（一五〇二）の誕生となる。この間、十九歳のころ逆縁によって出家、ただちに沖縄に渡航し、明暦の正徳十六年（一五二一）ごろ金武に漂着した。沖縄に留まること約「三十年」（『開山日秀上人行状記』）、天文二十年（一五五一）ごろ薩摩にあがり大隅正八幡宮の再興事業に関わり、同二十四年には坊津一乗院に金剛界五仏を彫刻し、釈迦如来の心柱に「本願日秀上人従補陀洛来作之　上野国住人」と書き付けた。その後、正八幡宮の再興成就して、永禄三年（一五六〇）遷宮祭挙行、翌四年「仏名墨書仏種子梵字朱記」を書いて過去仏から自分にいたる法脈を綴った。永禄七年「南無阿弥陀仏」名号軸を残し、同十二年に三光院を開創したという（『神社調』）。次いで元亀三年（一五七二）「仏名墨書仏種子梵字朱記」を梵字に書き換えた「角柱石塔婆」を三光院内に建碑した。その三年後、天正三年（一五七五）三光院内に入定、同五年補陀落渡海僧としての終焉を迎えた。文亀二年から天正五年にいたる戦国時代に生きた七十五歳の生涯であった。

補陀落渡海は観音に対する実践的な信仰表出行為といえる。現身のままで、死を賭しておこなうのが本義であったろう。したがって、補陀落渡海者は観音浄土に往生したのであろう、あるいは、補陀落世界に到着したのであろうと信じられた。だが、日秀上人は実際には沖縄に漂着して生還し、入定という一種の捨身行で終焉した補陀落渡海僧であった。

逆説的な言い方をとれば、補陀落渡海に失敗した人物であったといえるかもしれない。とはいえ、鎌倉時代に補陀落渡海した智定坊とともに、日秀上人は補陀落渡海史に燦然と輝く傑僧であり、あだやおろそかにできない人物である。

高海上人の補陀落渡海

『那珂湊補陀洛渡海記』

補陀落渡海《ふだらくとかい》の最大の母港が和歌山県の熊野那智《くまのなち》にあり、そこから南下した太平洋の海岸線に多くの渡海遺跡がある。補陀落世界は教義的には南方に存在すると想像されたので、熊野から北上した地域には補陀落渡海の痕跡はないだろうと思われていた。ところが、茨城県水戸市の東、那珂《なか》湊《みなと》の海岸から補陀落渡海した人物があった。

ときは十六世紀の半ばを迎えようとしていた享禄四年（一五三一）十一月十八日、常陸《ひたち》国那珂湊の海岸から集団による補陀落渡海がおこなわれたのである。先達として人びとを導いたのは高海《こうかい》上人であった。南方のはるか彼方にあると信じられた観音浄土への到達を確信し、往生を誓いあった人びとが、惜別の涙と喚声に送られながら出帆したのである。高海上人に身命を委ねて乗船した人びとは合わせて二十二名であった。

高海上人たちの補陀落渡海は、恵範《えはん》という学僧が書いた和綴本《わとじ》『那珂湊補陀洛渡海記』に実写されている。『那珂湊補陀洛渡海記』は、明治の徳富蘇峰の旧蔵書（成簣堂文庫）であり、現在は、東京のお茶の水図書館に架蔵されている。全十四丁からなり、表題と内題は同文で、内題の下に「徳富文庫」の朱印がある。本文は漢文で、返り点とヲコト点が付され、一丁に縦十八文字、六行で書かれている。本節では『那珂湊補陀洛渡海記』の内容をときほぐしつつ、高海上人の補陀落渡海の実態にせまってみたいと思う。

作者恵範

『那珂湊補陀洛渡海記』は、高海上人たちの補陀落渡海の実状を散文的に記述しており、仏教文学の作品としても注目される稀覯本《きこうぼん》である。全体的に対句を用いた美しい調べと慣用句があり、難解な仏教語と異体字が多く使用されているが、作者のなみなみならぬ博識が垣間見られる。跋文に「享禄四年（一五三一）辛夘十一月二十八日　心車　満七十」とあり、享禄四年十一月二十八日、すなわち高海の補陀落渡海から十日後に執筆されたことを伝える。作者「心車」とあるのは、常陸国六地蔵寺（現在の水戸市）第三世の学僧として知られる恵範と同一人物であり、「心車」の号は、恵範の

「恵」と「範」の一部をとった雅号である。恵範はまた離准坊・土竜とも号した。

常陸国の六地蔵寺

恵範が居住した常陸国六地蔵寺は、現在、茨城県水戸市六反田町（旧常陸国東茨城郡常澄《つねずみ》村）に所在する真言宗豊山《ぶざん》派の寺院で、倶胝《くてい》山聖宝院と号する。本尊は六地蔵尊、安産・育児の霊験あらたかな寺として多くの人びとの信仰を集めている。寺伝によると大同二年（八〇七）、一説に寛平三年（八九一）の開創といい、永享元年（一四二九）ごろ宥覚によって再興されたという。六地蔵寺は、当時、常陸国北方に展開した真言宗醍醐寺系の支流で、頼賢を祖とする意教流佐久山方の寺として発展した。延文三年（一三五八）「左衛門尉右貞寄進状」によると、大仏宗宣《おさらぎむねのぶ》の寄進の旨に任せて常陸国吉田郡恒富之内六反田村の地蔵堂に料田五反・屋敷一ヵ所を寄進するとあり、この寄進状に見える「地蔵堂」が六地蔵寺の前身と考えられる。地元住民の地蔵信仰の御堂として存在していたのであろう。

六地蔵寺には『群書類従』にも収録されている『常陸国茨城郡六反田六地蔵過去帳』がある。この中には、明金比丘尼《びくに》が熊野詣を三度果たしたとか、権律師宥勝が奈良大峯山に入峰したとか、僧・道連の荼毘《だび》の施物を残らず高野山に納めた、などとあり、六地蔵寺が単なる領主江戸氏の菩提寺としてではなく、地域住民の納骨信仰や修験寺院としての性格を備えていたことが指摘できる。さらに、六地蔵寺には大量の古文書が伝わり、なかでも慶長十八年（一六一三）の「修験道法度状」があるように、近世の六地蔵寺は京都醍醐寺を本寺として当山派の影響を受けた。『那珂湊補陀洛渡海記』の作者恵範は、このような寺歴を持つ六地蔵寺が生んだ学僧であり、同朋と思われる高海上人の補陀落渡海をつぶさに書き残したのである。

高海上人の風貌

六地蔵寺第三世恵範の筆になる『那珂湊補陀洛渡海記』は、高海上人の行業、補陀落渡海の計画から渡海にいたる経緯、渡海船の建造、那珂川を下る道行文、渡海者の衣躰、渡海船を見送る詩歌に大別することができる。まず序に続けて「粤《ここ》に厭離《おんり》沙婆《しゃば》欣求《ごんぐ》浄土《じょうど》の仙《ひじり》有り。高海と号す」と記し、高海の人となりを流麗な文章で称賛している。続けて高海上人の姿態について、「或《あ》る時は長髪にして俗素《ぞくそ》（俗人）の髻《もとどり》に似たり。或る時は裸髪にして没駄《ぼつだ》（仏陀）の頭の如し」と書いており、高海は非僧非俗の聖《ひじり》であり、その実体は修験山伏であった。そして、彼は質素な衣に藁沓《わらぐつ》を履き、念珠・錫杖・背板を法具とし、雲根（石）や鉄製の器を生活具としていた。頑丈な体型と精進に徹する高海上人の容貌が彷彿される。

補陀落渡海船の建造

享禄三年（一五三〇）霜月十八日の夜、高海上人は観音世界の霊瑞を受け補陀落渡海を思い立ったという。だが、深く心中にとどめ誰にも公表しなかった。その後、新春を迎え、いよいよ渡海の準備に取りかかり、まず、補陀落渡海船の建造に着手した。高海は造船の資材収集のため「那須野岳」に登って七日間の祈禱をおこなった。

高海が渡海船建造のため登山、祈請したという那須野岳とは、鎌倉の天福元年（一二三三）に補陀落渡海した智定坊が頼朝の眼前で巻き狩りの失態を演じた場所である。また、高海が祈禱すると、たちまち山尾が崩裂して万木が頽落し、曳《ひ》くこともなく那珂川の河口に集まったといい、高海の験力《げんりき》を述べた奇瑞譚がある。造船に必要な釘《くぎ》・鎹《かすがい》も必然的に集まって岳となり、楫《かじ》（舵）・檣《ほばしら》（帆柱）の用具も否応なしに来て山を成すとあり、高海の験力を『那珂湊補陀洛渡海記』は語っている。日秀上人にも類似した験力譚があり、補陀落渡海僧の縁起や伝記には霊験譚が共通して語られる。また、渡海にあたっては吉日を陰陽師《おんみようじ》に占わせたという。平安時代の熊野参詣でも進発する日時は陰陽師の上申によって決められており、補陀落渡海の出帆にも陰陽師が関与していたのは興味ふかい。

高海上人は、補陀落渡海船を造るにあたって資材を「大坂の宿」に集めたという。では、

「大坂」とは一体どこであろうか。考証をぬきにして結論を先に述べると、大坂は現在の水戸市大坂町であった。大坂は現行の地名としてはすでに失われたが、『新編常陸国誌』は「大坂町…虚空蔵堂（表三十五間　裏三十六間）アリ。其の別当ヲ藤福寺ト云フ（真言宗ニテ清隆山原勝寿院ト号ス）」とあり、常陸国大坂には虚空蔵堂があり、別当として藤福寺があったというのである。高海はここ虚空蔵堂・藤福寺で渡海船の建造に着手した。

高海は、斧《おの》を挙げ鉋《かんな》を取り、釿《ちような》を打ち、鋸《のこぎり》を曳いて補陀落渡海船を造った。その渡海船は、舳《へ》（船の先）に竜頭《りようとう》を造り、艫《とも》（船の後）に鷁《げき》を飾り付けた荘厳船であった。竜は水をよく渡り、鷁は水によく潜るという想像上の水鳥である。「竜頭鷁首《りようとうげきす》」の補陀落渡海船であり、都合二十二名が乗船するかなり大型の船であったことが理解できる。

補陀落渡海船の出帆

高海上人が渡海の準備をしていたころ、彼を誹謗《ひぼう》する一僧があった。ところが、一僧の歯は落ちて口は曲り、舌はあっても言葉をいうことができず、身体は四顚《してん》して首は地に着き、八倒して足は天を指す状態であった。そこで高海が錫杖《しやくじよう》を振って袈裟《けさ》をかぶせ、指を鳴らす撥遣《はつけん》という作法をすると、一僧はすぐ元の状態に回復したという。高海の験力を示した譬喩であろうが、山伏の験競《げんくらべ》の呪術を示唆している。

このような高海の奇瑞《きずい》と行徳が語られるあいだ、近郷の人びとは高海の補陀落渡海に理解と共感を示し、しだいに金品資材を喜捨《きしゃ》して結縁《けちえん》するようになった。

那珂川を下る

補陀落渡海船が完成した。郷内に普請《ふしん》の太鼓が鳴り響き、集会の洪鐘が打たれると、人びとは競って集まって来た。まるで雷雲がわくようであったという。そして、人びとは手を挙げて肩を組み、高海上人も渡海船に乗り込んだ。ときに享禄四年（一五三二）十一月四日であった。いよいよ那珂川を下って海岸線の那珂湊に向かうことになる。『那珂湊補陀洛渡海記』は、その那珂湊の海岸に向かって那珂川を下る道行文を載せている。

道行文には青柳《あおやなぎ》・山本《やまもと》・万代《よろずよ》・吉沼《よしぬま》・田谷《たや》・枝川《えだがわ》・勝倉《かつくら》・新平《にいたいら》・柳沢《やなぎさわ》・小泉《こいずみ》・大《おお》野《の》・履《くつ》（圷）など、当時の地名が巧みに織り込んである。これらの地名を現行の地図に落してみると、水戸市・勝田市に点在することが判明する。もっと厳密にいうと、これらの地名は那珂川流域の地名である。とすれば、高海の補陀落渡海は、常陸国大坂（現在の水戸市）にあった藤福寺（虚空蔵堂）あたりで計画され、かつ高海は渡海船を建造し、やがて渡海船を那珂川に浮かべて那珂湊の海岸に向かったのである。道行文はそうした高海上人の補陀落渡海へといたる階梯《かいてい》を巧みにあらわした恵範の文学作品であり、恵範の文学的冴えをいかんなく発揮した詩歌であった。

仮屋の道場

高海上人と結縁の人びとを乗せた渡海船は、那珂湊の海岸に到着した。そこで高海はいったん下船し「仮屋之道場《かりやのどうじょう》」に入った。仮屋（道場）には本尊が安置され、安養《あんにょう》の九品《くほん》（阿弥陀の西方浄土）と補陀落（観音の南方浄土）の九峰を表すように造られ、幡蓋《ばんがい》が掲げられていたという。『那珂湊補陀洛渡海記』は「良《まこと》に以《おもんみ》れは品《ほん》と峰《ぶ》は、西南（西方浄土と南方浄土）に異なりと雖《いえど》も、数の字（九品と九峰）両国倶《とも》に同じなり。知ることを得たり、補陀安養は一国の異名、弥陀観音は一仏の因果なり」と説明する。巧みな教義説明である。

高海上人が海岸に造った仮屋の道場は、そうじて渡海僧が海岸や河川のところどころに観音道場を設けたことを物語っている。ちなみに、日秀上人は鹿児島の海岸に虚空求聞持《こくうぐもんじ》法《ほう》を修する観音堂を造り、それは「行屋《ぎょうや》観音」と呼ばれ、後述する薩摩の補陀落渡海僧舜夢上人も海岸に道場を造り、それは「行屋」と呼ばれた。

かくて高海上人の仮屋道場には千余人が集まり結縁した。そのおり、高海は集ってくる人びとに黒谷《くろだに》の十念を授け、帰り去る人びとには楞厳十界《りょうごんじっかい》の陀羅尼《だらに》を読んで授けたという。そして、渡海の日は十一月十八日と決まった。渡海日として十八日を選んだのは、観音菩薩の功徳日にちなむものであろう。かくてまた実際に乗船、渡海することになった人びとは、高海を先達として二十二人となった。『那珂湊補陀洛渡海記』は「十一月十八日、粤《ここ》に乗船の衆は、上人を始めとして、都合二十二口、二十余輩、宗々《むねむね》装束《しょうぞく》美を尽くし、家々の威儀《いぎ》、善を尽せり、就中《なかんずく》、船頭は西方の行者なり」と叙述している。

今まさに騒然とした大きな事がおこなわれようとしていた。『那珂湊補陀洛渡海記』の作者恵範は、この徒事《ただごと》ならぬ出船に関してこれ以上の作文をしていない。その無言の説明が、逆にまた高海上人たちの補陀落渡海を際立たせている。

高海上人の出自

『那珂湊補陀洛渡海記』には、高海上人の補陀落渡海船を見送る「奉《ほう》送之伽陀《そうのかだ》」がある。「伽陀」とは、高海上人の補陀落渡海船を見送る偈頌《げじゅ》・詩歌である。送別の歌である。作者恵範が文才をいかんなく発揮して書いた五言律詩式の作品である。

恵範は「奉送之伽陀」を書くにあたって「沓冠《くつかぶり》」という詩文の技巧を使用している。すなわち「沓冠」とは「ある語句を歌の毎句の首と尾に一音ずつ詠み込む」作文上の技法である。本書では「奉送之伽陀」の全文は割愛したが、いずれにせよ「奉送之伽陀」の首と尾を並び替えると、「高海上人、木食草衣《もくじきそうい》、別火欲水《べっかよくすい》、湯殿精進《ゆどのしょうじん》」、「生縁北国《しょうえんほっこく》、越之《こしの》前州《ぜんしゅう》、旅宿常州《りょしゅくじょうしゅう》、吉田大坂《よしだおおさか》」という新たな詩文を抽出することができる。これは高海の生地と逗留《とうりゅう》地をあらわした詩文であろう。高海は「生縁北国、越之前州」、つまり北陸・越前国を出自とし、そして、常陸国「常州」の「吉田」郡「大坂」に巡錫したのである。先に見たように、高海が補陀落渡海船を建造した場所「大坂」と矛盾しない。となると、高海は、やはりこの常陸国大坂で補陀落渡海を企図、準備したと決定してまず間違いないだろう。言葉をかえて繰り返すならば、常陸国大坂にあった虚空蔵堂の別当藤福寺で補陀落渡海を企画したのであり、しかも、虚空蔵堂という、いかにも修験的な場所であったことを証明している。

高海は越前国を出自として諸国を廻る山伏であった。おそらく、日光山や湯殿山でも修行したことであろう。那須野で渡海船建造の祈請をおこなったのも、この間の事情を示している、といってよい。

ともあれ、『那珂湊補陀洛渡海記』は高海上人の補陀落渡海を詩情ゆたかに叙述する記録で、いっぽうでまた、高僧伝にありがちな奇跡と誇張表現が見られる。とはいえ、作者恵範の学識と文才を、われわれはあらためて認識せざるをえない。補陀落渡海の歴史の中に高海上人の具体例を加えることができるのは幸いであり、しかも、出帆地が常陸国の那珂湊であったことは、補陀落渡海の場所として北限であることも注意される。

東西二人の補陀落渡海

享禄四年（一五三一）十一月十八日、高海上人一行は常陸国に広がる太平洋に船を浮かべ、はるか彼方にあると信じられた補陀落山に向かって出帆した。纜《ともづな》が切られたのは未《ひつじ》の刻（午後一時～三時）であった。おだやかな秋の陽光を受けながら、乗船した都合二十二人の喚声と、「大」という字を描くように、両手を大きく、ちぎれるように振っている人びとの姿がしだいに小さくなっていく情景が浮かんでくる。

図14　足駄上人位牌（額札）

　このとき、かたや紀伊国に目を転じると、熊野那智の海岸から足駄上人が南方往生を企てていた。すでに補陀洛山寺の渡海上人の一節でも紹介したように、『熊野年代記古写』条に「十一月浜ノ宮足駄上人渡海、本名祐信上人」とあり、彼の位牌（額札、図14）には享禄四年十一月十八日とあり、高海上人と足駄上人の補陀落渡海は、まったく同年、同月、同日であった。この二人の補陀落渡海は、東西におけるまことに不思議な同時現象であり、多くの問題を投げかけている。

補陀落渡海の遺跡

四国の補陀落渡海

室戸岬の補陀落渡海伝承

補陀落渡海《ふだらくとかい》の説話で常に引き合いに出されるのは、高知県室戸岬と足摺岬の渡海伝承である。紀貫之《きのつらゆき》『土佐日記《とさにっき》』の一節に「風波止まねば、なほ、同じ所（室津）に泊まれり、たゞ、海に波なくして、いつしか御崎《みさき》といふ所渡らむ、とのみなむ思ふ」とあり、四国の南端は古代から波風が烈しく、航行も難所であった。そうした土佐国の補陀落渡海について、建仁元年（一二〇一）解脱房貞慶《げだつぼうじょうけい》は『観音講式』を著し、識語に賀登《がとう》上人が長保三年（一〇〇一）八月十八日、弟子一人をともなって室戸津から補陀落渡海した、と次のように明記している。

一条院の御時、阿波《あわ》国賀登上人、深く彼山《かのやま》（補陀落山）を欣《よろこ》ひ、頻《しき》りに夢想有り、長保三年八月十八日、土佐国室戸津より弟子一人を相具《あいぐ》して、遂に一葉の船を以て進発し、女籠《めかご》、南に向かふ。

解脱房貞慶は鎌倉時代の法相宗《ほっそうしゅう》の持戒僧として、つとに有名であるが、彼の晩年、すなわち、海住山寺移住以降は熱心な観音信仰の持ち主であった。『値遇《ちぐう》観音講式』によると、貞慶は、観音の浄土である補陀落山は娑婆世界の南、インドに存在すると信じており、現実に到着可能な浄土であると考えていた。このような強い補陀落往生の志願者であった貞慶は、補陀落渡りの素懐《そかい》を遂げた賀登上人を『観音講式』に書き残していたのである。

鴨長明《かものちょうめい》も『発心集《ほっしんしゅう》』（巻三）に、「ある禅師補陀落山に詣づる事、付けたり賀東上人のこと」の中で、讃岐の三位の夫の入道が焼身行を試み、やがて補陀落渡海した話に続け、「一条院の御時も賀東ひじりといひける人、この定にしてぞ、弟子独り相具して参られけるよし、人々語り伝へけり」と書き添えている。また、『地蔵菩薩霊験記』（巻六）「火難除滅事」にも賀東上人が登場し、「賀東上人阿波ノ国ヨリ来テ彼寺（津の寺）ニ籠レリ、一両年ノ間ニ観音浄土補陀落山ニ参ヘキ由ヲセメ祈玉フニ感アリテ、示現度々蒙《タビタビ》テ、ツイニ長保三年八月十八日ニ弟子栄念ト虚舟《ウツホフネ》ニノリ、午《ウシ》ノ剋《コク》ニトモヅナヲトキテ、遥ナル万里ノ波ヲシノギ、飛ガ如クニ去リ給フ」とあって、長保三年に賀登は弟子、栄念と補陀落渡海したことになっている。これらの文献や説話には「賀登」と「賀東」という表記の違いはあるが、同一人物と考えて何ら問題とはならないだろう。

賀登上人が「室戸」から補陀落渡海したと書くのは『観音講式』と『地蔵菩薩霊験記』であり、『発心集』や『観音冥応集《かんのんみようおうしゆう》』は具体的に渡海の場所を示さない。また、賀登上人の補陀落渡海には弟子がともなったが、『観音講式』と『発心集』は「弟子一人」として具体的な名を欠く。しかし、『地蔵菩薩霊験記』は同伴した弟子を「栄念」としており、複雑な説話生成の様相を呈している。

室戸から補陀落渡海したという賀登上人は、最御崎寺《ほつみさきじ》や金剛頂寺《こんごうちようじ》、あるいは津照寺あたりで修行を重ねていたと思われるが、いずれにせよ、室戸は早くから補陀落信仰が定着していた場所であったろうことは想像がつく。すでに紹介したように、康元二年（一二五七）に補陀落渡海した明恵の弟子、実勝坊も室戸から出船している。

賀登上人

室戸から渡海した賀登上人とは一体どのような人物であったのだろうか。鎌倉末期の成立という『二中歴』（巻十三）に「賀統、土佐国人、即ち身を補陀落山に詣す」と見える賀統とは、おそらく貞慶と長明がいう賀登上人と同一人物であろう。また、東大寺の宗性《しゆうしよう》が書いた『春華秋月抄草』（巻三）に、阿波国の「賀□」が長保三年の八月に土佐国室戸津から渡海したという記事の虫食いの部分、すなわち「賀□」も賀登のことであろう。さらに『地蔵菩薩霊験記』によると、賀（東）上人は阿波国の人で、長徳三年（九九七）に室戸にやって来たと具体的に語る。『地蔵菩薩霊験記』が長保三年（一〇〇一）八月十八日と賀登上人の補陀落渡海を具体的に綴るのは、冒頭に示した貞慶の『観音講式』を下敷きにしているのかも知れない。ちなみに四国足摺岬の金剛福寺蔵『蹉跎山縁起』によると、賀登は阿波国の人で、長保年間（九九九〜一〇〇四）に弟子日円坊が先に渡海してしまったという。

このように、土佐国室戸の補陀落渡海伝承で注目されるのは、賀登上人その人である。解脱房貞慶が『観音講式』に記していたように、貞慶は賀登上人の補陀落渡海を知っていた、もしくは、そのような伝承が鎌倉期の仏教界に流布していたことを物語っている。

足摺岬の賀登上人

賀登上人の補陀落渡海伝承は、室戸だけではなく、四国の最南端に位置する足摺岬にも強く残っていた。正嘉元年（一二五七）四月「前摂政一条実経《さねつね》家政所下文案」は、足摺岬金剛福寺の再興勧進を慶全《けいぜん》阿闍梨《あじゃり》に任せ、「金剛福寺は本尊を観音とする霊場であり、鎮守として熊野三所権現を勧請《かんじょう》し、平安期から藤原良房の庇護を受けた寺院である。この地は観音が毎日臨光するところであり、賀東

図15　足摺岬の夕景（高知県土佐清水市）

（登）行者が補陀落渡海を成し遂げた所である」と主張する。また、翌正嘉二年十月「前摂政一条実継家政所下文案」の一節にも「賀果（東）上人、此の処より聖境（補陀落世界）に遷る」とあり、金剛福寺の復興を契機に賀登の補陀落渡海伝承が、にわかに世間に広まっていた。つまり、金剛福寺は再興・造営にあたり、観音霊場としての由来や賀登の行業を説き、十三世紀半ばに賀登上人の補陀落渡海をさかんに流布させ、民衆に再興勧進《かんじん》の奉加《ほうが》を勧めていたのである。

　貞慶が賀登上人をして室戸から渡海したと『観音講式』に書き記した典拠は明らかでないが、賀登上人の補陀落渡海伝承は、たしかに十三世紀初頭から半ばにかけ、四国はもちろん、中央まで知られていた。それは貞慶が『観音講式』を著した時期とほぼ一致する。

『とはずがたり』の渡海説話

正安四年（一三〇二）九月、後深草院《ごふかくさ》二条（中院大納言源雅忠の女）は、安芸《あき》国厳島《いつくしま》社に参詣し、讃岐《さぬき》に向かう船上で知りあった女から聞いた足摺岬の観音堂の由来と補陀落渡海伝承を『とはずがたり』（巻五）に書き留めている。作者の二条は、実際に足摺岬の観音堂（金剛福寺）を訪ねたのか、また、船中で知り合った女が語った伝承のみを綴ったのか、史実と虚構をめぐって諸説があるが、いずれにせよ、十四世紀初頭の足摺岬の地名伝承、および、補陀落渡海の伝承として注目されている。二条がしたためた話は、金剛福寺に伝わる補陀落渡海説話であった。『とはずがたり』の説話を要略してみよう。

足摺岬にある堂の本尊は観音菩薩である。修行者や参詣の人びとが訪れていたが坊主はいなかった。昔、一人の師僧と小法師がおり、小法師は観音の化身である別の小法師に慈悲の心をもって、毎日、自分の食物を与えていた。師僧はこれをはげしく戒めたが、やがて二人の小法師は一葉の舟に乗って南をさして行った。師僧が何処《いずこ》へ行くのかと問うと、「補陀落世界へまかりぬ」といって、二人は菩薩となって去って行った。取り残された師僧は、泣く泣く足摺りをして悲しみ、それより当地を足摺の岬と呼ぶようになった。

渡海説話の背景

『とはずがたり』の作者、後深草院二条による足摺岬の地名伝承と補陀落渡海伝承は、十三世紀半ばから十四世紀初頭における金剛福寺の退転と再興を繰り返す時代にあたっていた。すなわち、当時の金剛福寺は荒廃とそれにともなう造営・修復事業を重ねていた霊場寺院であった。『後奈良天皇宸記《ごならてんのうしんき》』天文五年（一五三六）五月二十日条には「土佐国足スリノ観音堂ノ十穀」が上人号を勅許されたことが見え、『御湯殿上日記《おゆどののうえのにっき》』天文八年十月八日条には「とさのくにあしすりの物、上人号申」として、はるばる土佐国から上洛し、上人号を朝廷に申請している僧もあり、十六世紀にも足摺岬の行者たちが活発で広範囲な活動を展開していた。

『とはずがたり』当譚の主題は、観音の慈悲と平等性を説いたものであり、足摺りという行為は「五体投地《ごたいとうち》」（『蹉跎山縁起』）とか、『観音利益集』に「イワホノカトニ、アシノ血ノシミタリ」と語られるように、岩場をめぐる激しい辺路《へち》修行で、また、海に向かって観音を念じることであったろう。それは補陀落渡海を決行する事前の修行でもあった。

このように足摺岬の補陀落渡海説話は、金剛福寺に集まった行者たちのはげしい辺路修行の内容を反映しており、足摺りとは、いわば足で己れを識《し》るような修行であった。となれば、足摺りと同義語である「蹉跎」という金剛福寺の山号の由来も、当然ながら参詣者に説教、唱導されていただろう。『とはずがたり』の補陀落渡海説話と足摺り地名伝承は、やはり金剛福寺が退転と再興を繰り返していた時代の産物であった、といってよいだろう。

『蹉跎山縁起』

高知県土佐清水市足摺岬に現存する金剛福寺は、弘法大師空海《こうぼうだいしくうかい》の開創と伝える古刹《こさつ》である。蹉跎山補陀落院と号し、本尊は熊野那智の補陀洛山寺と同じ三面千手観音像である。四国霊場八十八ヵ所の第三十八番札所で、「普陀落や、ここは岬の船の棹、取るも捨つるも法《のり》の蹉跎山」という御詠歌がある。

金剛福寺に伝わる有名な縁起本に『蹉跎山縁起』がある。その他『続群書類従《ぞくぐんしょるいじゅう》』本（一一八輯上）、肥前《ひぜん》島原松平文庫本の異本がある。奥書によれば「享禄壬辰、仏涅槃《ねはん》の前七日、大檀越《おおだんおつ》の仰せに依つて謹誌す、孤山羊僧尊海」とあり、「享禄壬辰」、すなわち享禄五年（一五三二）、尊海の手になることを示している。『土佐物語』（巻八）によると「当山の縁起は、享禄壬辰の春、前大僧正尊海の御述作なり。此僧正は仁和寺《にんなじ》総法務にておはしませし、当国へ下向あり、当山に御座ありけるに、一条大納言房家卿、御所望に依りて書かせ給ふとかや」とあり、『蹉跎山縁起』は、かつて京の仁和寺の院家、真光院の住持であった尊海が、大永年間（一五二一〜二八）に土佐国に下ったおり、一条房家の要請によって書いたことを伝える。一条房家は土佐の国司を勅許され、土佐一条家として大名化した人物であり、一条家はその後も金剛福寺のよき庇護者となった。

『蹉跎山縁起』の作成を尊海に依頼した房家は、南北朝後期の一条教房《のりふさ》の次男である。その教房の弟に『大乗院寺社雑事記』の記主として知られる奈良興福寺の尋尊《じんそん》がいる。そのような人脈をもって書かれた『蹉跎山縁起』は、金剛福寺周囲の自然景観や由来を綴り、「我国においては四州孤山金剛福寺は、去斯不遠《こしふおん》の補陀落界也」と書いている。そしてなお、賀登上人の補陀落渡海伝承を次のように書き続ける。

> 長保頃にや賀登上人補陀洛渡海のために難行苦行、積功塁徳し侍りしに、弟子日円坊奇瑞によりて先渡海ありしに、上人嗟嘆《さたん》のあまり、五体投地し、発露涕泣《ほつろていきゅう》し給し、其涙、不増不減水となれりといへり、此外、秘所秘窟、久住老僧、面受口伝《くでん》せしむと云々。

『蹉跎山縁起』は金剛福寺の七不思議伝説の一つとなった「不増不減水」について、弟子日円が先に補陀落渡海したので発露涕泣した賀登の涙が石に溜まったのだと伝える。また、金剛福寺には「犬石」があり、これは賀登が補陀落渡海したときに、手飼いの犬が跡を慕い歎いて石になったのだという伝説もある。このように金剛福寺には賀登上人の補陀落渡海にちなむいろいろな史跡が残っている。

その他、『蹉跎山縁起』には補陀落渡海行者として「阿日上人」が見え、享徳四年（一四五五）播州《ばんしゅう》の沙弥《しゃみ》で一文不通の「正実」が彼の元に訪れ、託宣して補陀落渡海を勧めたという。この正実沙弥も、やがて六年を経て、「紫雲たなびきむかへ、八音虚空に聞へ、

図16　足摺山標柱（高知県土佐清水市・金剛福寺所在）

異香薫郁《くんいく》し、白花散乱して」補陀落渡海したという。

理一上人の補陀落渡海

四国の足摺観音に関わる補陀落渡海の説話は、長門本《ながと》『平家物語』（巻四）「足摺明神の事」にもある。治承元年（一一七七）五月、藤原成親《なりちか》、その子息の藤原成経《なりつね》、平康頼《やすより》、藤原師光《もろみつ》（西光）、僧俊寛《しゅんかん》ら後白河院の近臣たちは、京の東山鹿ケ谷《ししがたに》の俊寛の山荘で平家討伐を謀議《ぼうぎ》した。世にいう「鹿ケ谷の謀議」である。コトは多田行綱の密告によって発覚した。平清盛は関係者を検挙し、西光は死罪、成親は備中《びっちゅう》国に配流されて殺害、成経・康頼・俊寛は鬼界ケ島《きかいがしま》に配流《はいる》となった。この謀議を契機に後白河上皇と清盛の対峙《たいじ》はいっきょに高まり、同三年、清盛は上皇を鳥羽殿に幽閉した。

長門本『平家物語』「足摺明神の事」は、この鹿ケ谷の謀議によって鬼界ケ島に流される藤原成経の一行を語り出す。すなわち、丹波少将成経は備中の国「瀬尾の湊、ゆく井」から乗船し、「伊予《いよ》の国夏地」に向かう。ここからまた船を漕ぎ出すことになるが、はるかに遠く見える山島を見て、成経がその場所を問うと、供の者は「土佐のはた（幡多）、足摺みさき」と答える。そこで成経は理一《りいち》上人なる者の補陀落渡海を次のように回想するのである。

昔、理一上人は補陀落山を拝することを誓って千日の行法をおこない、弟子「りけん」を伴って船出したが、向かい風によって元の渚に吹き返された。これは自分の行法不足として、ふたたび理一は百日の行法を積み、こんどはただ一人、白ぬきの帆をかけた「うつほ船」に乗って身を順風に任せ、はるかに遠ざかった。取り残された弟子「りけん」は、補陀落山を拝むことができなかった悲嘆に倒れふし、足摺りをして叫び悲しむと、その足摺りは地を穿《うが》ち、身を隠すほどの深さになったという。「りけん」の魂は、この理一上人を慕う切々たる志によって補陀落山を拝むことができ、姿は足摺の岬にとどまり、本地を観世音菩薩とする足摺り明神になったのだという。『平家物語』諸本には見えない長門本『平家物語』が語る補陀落渡海の史話である。

足摺りの地名伝承

理一上人の話は遅くとも十三世紀末には知られており、『とはずがたり』の話に先行する話であった。また、この話は覚一本『平家物語』（巻三）「赦免」に語られるように、鬼界ケ島に配流されていた成経と康頼とは別に、ただ一人、島に取り残されることになった俊寛が、二人を乗せた赦免の船を見送りながら、「僧都せんかたなさに、渚にあがりたふれふし、をさなき者の乳母や母を慕ふやうに、足ずりをして、これ乗せてゆけ、具してゆけ」と泣き叫ぶ俊寛足摺りの悲話に通じるものがある。ただ、長門本『平家物語』に語られる理一上人については、残念ながら他の記録を見い出せない。『平家物語』作者の意思のままに創作された話であったのであろうか。

四国における補陀落渡海説話は数本の文献に語られ、お互いに典拠・引用・重複と交渉が見られる。そして、賀登上人が補陀落渡海したというその出帆地については、諸書によって混同と不一致があり、また、弟子僧の違いなどがあって、説話生成の過程は複雑である。解脱房貞慶が『観音講式』に書き記した賀登上人の室戸からの補陀落渡海は、最古の文献として動かしがたいが、繰り返し述べたように、四国の補陀落渡海説話は、金剛福寺の賀登上人の渡海伝承が核となっていた。

足摺りの地名伝承は、四国の特定した場所ばかりではなく、どの地域でも発生する可能性があった。室戸にも足摺りの地名があってもおかしくない。がしかし、賀登の渡海伝承は金剛福寺に強く残っていたので、足摺岬の地名伝承が生成されていったと思われる。四国の補陀落渡海伝承は、平安末期の僧として賀登上人の補陀落往生が骨格をなしていたのである。長門本『平家物語』の理一上人の補陀落渡海、および、『とはずがたり』の足摺岬地名伝承と補陀落渡海説話は、いずれも賀登上人の補陀落渡海説話の傍系として捉えることができるだろう。

九州の補陀落渡海

弘円上人の補陀落渡海

熊本県玉名《たまな》市繁根木《はねぎ》八幡宮裏手の一画に、補陀落渡海《ふだらくとかい》史上の重要な板碑が現存する。弘円《こうえん》上人の補陀落渡海碑である。板碑が存在するこの場所は、もと繁根木八幡宮の別当寺であった寿福寺跡一帯といわれ、昭和三十五年（一九六〇）寿福寺の墓地から現在地に移建された。

弘円上人の補陀落渡海碑（図17）は、総高一・六一メートル《メートル》・上幅三六センチ《センチ》・下幅五八センチ《センチ》の自然石碑である。上部左右に日輪・月輪があり、中央に阿弥陀如来《あみだにょらい》・観音菩薩・勢至《せいし》菩薩の早来迎図《はやらいごうず》が線刻されている。線刻像は拓本で見ると鮮やかで美しい。銘文は風化がはげしく、明確に読みとることが年々困難な状況となっている。

図17　弘円上人補陀落渡海碑（熊本県玉名市・繁根木八幡宮裏所在）

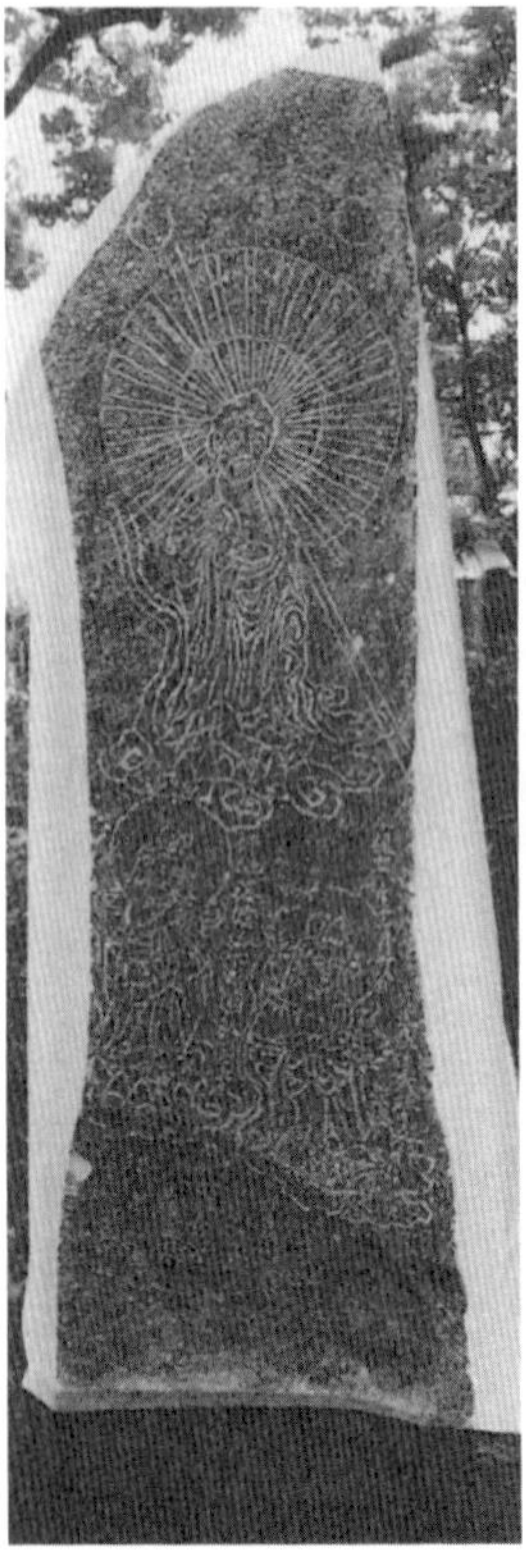

（同拓本、前川清一撮影）

永禄十一戊辰年十一月十八日　武州住秀誉上人作
日輪　　善心大徳
（観音像）　小旦那
計家　□兵衛
（阿弥陀像）　補陀落渡海下野国弘円上人　施主　西光坊
同船　駿河善心行人
（勢至像）　遠江道円行人
月輪　　大小旦那
現世安穏後生前（善）処

銘文によれば、永禄十一年（一五六八）十一月十八日、下野《しもつけ》国の弘円上人が補陀落渡海したことを伝える。おそらく肥後《ひご》国の高瀬の海岸、すなわち有明海から補陀落世界を目指したのであろう。弘円上人には「同船」と刻された駿河《するが》国の善心行人と遠江《とおとうみ》国の道円行人の二人が一緒に渡海したことを伝える。渡海日が十八日であったことは、観音の縁日を意識したもので、この日に渡海すれば補陀落世界に往生できると信じられていたのであろう。

弘円の補陀落渡海には多くの人びとが結縁し、小旦那として施主の西光坊と俗人らしき人物があり、こうした大小旦那の「現世安穏後生善処」を約束として建碑されたのがこの板碑であった。板碑建立にあたり経費捻出に奔走、勧進したのが武州国の秀誉上人であり、また、善心大徳は「同船駿河善心行人」と同一人物と考えられる。

土船の渡海船

先に言及したように、弘円上人の補陀落渡海碑は風化がはげしく銘文の解読に困難をおぼえる。しかし、幸いなことに、江戸期に編まれた『肥後国誌』がこの貴重な石碑に注目し、銘文の一部を記録していた。われわれは『肥後国誌』の記事によって、板碑の銘文に隠された弘円上人の補陀落渡海を実態的に理解することができる。

> 稲荷宮　薬師堂　寿福寺境内ニアリ、応永十七年十一月八日、菊池氏の時、当所ノ領主高瀬相模守武楯勧請之、薬師堂ハ、建立千《ママ》年ニ及ト云伝レドモ不分明、武楯修造スト云、此堂前ニ竜燈松《りゆうとうまつ》（今ハ枯木トナレリ）アリ、此樹下ニ石碑アリ、銘ニ下野国弘円上人並駿河国善心行人遠江国道円行人、永禄十一戊辰年十月十八日ト見ヘ、其外消《しょう》歇《けつ》ス。当寺門前ノ小川ヲ松ノ木川トテ碧潭《へきたん》ナリシト云、里俗ノ説ニ、右三人観世音ヲ信シ、補陀落世界ヘ参ルヘキ大誓願ヲ起シ、弥《いよい》ヨ彼地ニ生セハ、此松ニ竜燈ヲ掛ヘ

シト誓ヒ、土船ヲ造リ、松ノ木川ニ浮ベシニ、直ニ沈没セシカ、翌年其日ニ当リ、海中ヨリ一点ノ燈火《ともしび》出テ、此松ノ梢《こずえ》ニ掛リシト云伝フ。

弘円上人たちが乗った船は土船であった。乗船して川に浮べば、いずれは沈没することは自明のことで、補陀落渡海が死を前提とした実践行であったことをよく物語っている。弘円上人の補陀落渡海に竜灯伝承があるのも注意が必要である。竜灯伝承とは、海上にあらわれる怪火のことで、竜神が神仏に捧げる灯火《ともしび》であるという。竜灯伝承は不知火《しらぬい》現象となり、九州の有明海に多く分布する不知火伝承は、科学的説明は抜きにして、実は補陀落信仰の証しであった、ということもできるだろう。補陀落渡海は、このような竜灯伝承と結び付く性格があった。『蹉跎山縁起』によると、土佐国の足摺岬から補陀落渡海した賀登上人にも竜灯伝承が語り継がれている。

繁根木八幡宮と寿福寺

繁根木八幡宮は戦国期に豊後《ぶんご》の大友氏、肥前の竜造寺氏、薩摩の島津氏の進攻によって衰微したといわれ、慶長二年（一五九七）加藤清正《かとうきよまさ》が社殿を修営した。現在の拝殿や楼門は近世初頭の様式を伝える。

繁根木八幡宮の別当寺であった寿福寺は、本尊薬師如来を安置した薬師堂を軸として、弘円の補陀落渡海碑が現存する場所の一画を占めていた。補陀落渡海者としての弘円上人と寿福寺との直接の関係は明らかでないが、往古の寿福寺には、浄光坊・広乗坊・正福坊・松月坊・学乗坊・泉林坊の六坊があって大いに栄えたと伝える（『肥後国誌』）。そして、日本禅宗史上で知られるように、鎌倉末期から室町期にかけて鎌倉五山《ござん》や京都五山制度が整えられると、肥後玉名地方では肥猪《こえい》五山・伊倉五山・高瀬五山の三者が成立し、寿福寺は清源寺・永徳寺・宝成就寺・願行寺とともに高瀬五山の一となり、禅宗寺院に転派した。禅宗と観音補陀落信仰は大いに結び付く要因があった、といわねばならない。

弘円は遠く下野国から肥後国に下り、寿福寺に身を寄せ、松ノ木川から眼前の有明海に出て補陀落渡海を企図していたのであろう。繁根木八幡宮・寿福寺が位置する地域は、日明貿易の港として栄えた高瀬港一帯にあたり、十七世紀初めの加藤清正による菊池川の掘り替え工事以前は有明海に接していたところであった。弘円上人の補陀落渡海は、勧進《かんじん》に有利な、いわば自治的都市として機能を有した港町から決行されたと考えられる。

夢賢上人の補陀落渡海碑

熊本県玉名市伊倉の報恩寺跡には、夢賢《むけん》上人の補陀落渡海碑が残っている（図18）。かつて報恩寺は中尾山福寿院と号し、伊倉北八幡宮の別当（社僧）であった。板碑は弘円上人が補陀落渡海した八年後、すなわち天正四年（一五七六）に夢賢上人が有明海から補陀落渡海したことを伝える。

梵字　　本願尾州之住月照上人
梵字　補陀落山渡海行者下野之住夢賢上人
梵字　　天正四年丙子八月彼岸日　敬白

右の補陀落渡海碑は、総高一・二七メートル・幅八三センチの自然石塔婆で、上部に阿弥陀三尊の種子《しゅじ》、キリーク（阿弥陀）・サ（観音）・サク（勢至）の梵字があり、その下に銘が確認で

図18　夢賢上人補陀落渡海碑（熊本県玉名市・報恩寺跡所在）

きる。天正四年下野国の夢賢上人が、中世の日明貿易で栄えた丹倍津《にべつ》港付近から補陀落渡海したのであろう。供養碑建立にあたり、結縁を人びとに呼びかけ、支援者として勧進を担当したのが尾州の「本願」月照上人であった。このような経済的活動、つまり勧進活動をおこなった僧を本願《ほんがん》、または、本願の聖《ひじり》と称した。

下野国の行者

熊本県玉名市に残る二つの補陀落渡海碑は、弘円上人と夢賢上人の補陀落渡海を物語っているが、その板碑に近い有明海は、南方の補陀落山により近いと意識されていた時期があったのだろう。下野国の弘円上人、同じく下野国の夢賢上人、いわば東国の行者たちが、遠く九州の有明海まで下向し盛んに補陀落渡海を企てたのである。二人の渡海行者については板碑以外に史資料を欠くが、両者は下野国の日光山補陀落信仰を享受していたのかもしれない。

日光山の補陀落信仰

下野国（栃木県）の日光山《にっこうさん》は、もともと二荒山《ふたらさん》と呼ばれ、現行の日光山は二荒《ふたら》山または二荒《にこう》山から転じたという一説があるように、二荒山は補陀落《ふだらく》山《さん》でもあった。弘法大師空海は、『性霊集《しょうりょうしゅう》』（巻二）に日光山開祖勝道上人を讃えた碑文として「粤《ここ》に同じき州に補陀落山あり」と書いており、日光山は平安期から補陀落信仰が盛んであった。中禅寺湖上に男体山《なんたいさん》をあおぎ、周辺に二荒山神社や中禅寺

図19　中禅寺湖を進む船禅頂の補陀洛船

を配する日光山の景観は、まさに補陀落世界に似つかわしい。また毎年八月（旧六月）におこなわれる「船禅頂《ふなぜんじょう》」（補陀落禅定）は、中禅寺湖畔の勝道上人遺跡を小船に乗って巡拝、供花する行事であり、このおりの船が「補陀洛船」と呼ばれたことは（『日光山志』）、補陀落渡海の疑似体験にほかならない。

戦国期の有明海は、こうした下野国日光山の補陀落信仰の影響を受けたと考えられる渡海行者が集まる場所として活況を呈していたところであった。後述するように、有明海に囲まれた肥前国雲仙普賢岳も、補陀落信仰を生む山岳宗教、海洋宗教の聖地であった。

舜夢上人の補陀落渡海

鹿児島県加世田《かせだ》市小湊から補陀落渡海した人物があった。舜夢上人である。九州の有明海とともに、薩摩国でも補陀落渡海がおこなわれていた。鹿児島加世田の海岸は、補陀落渡海の南限の地としても注目される。

薩摩藩が作成した『神社調』（東京大学史料編纂所蔵）「普門山日新寺末維雲菴《いうんあん》」元禄十年書きあげによると、舜夢上人の補陀落渡海について次のように伝えている。

一、補陀落舜夢上人牌有り
右牌并びに石塔有り、何宗とも伝記知らず、寺の近所ニて修行致され候ところ、今、行屋と申し伝へ候、其処へ観音堂これ有り候、補陀洛渡りは、寺の近所より乗船せられ由、申し伝へ候

維雲菴には補陀落渡海した舜夢上人の位牌《いはい》と石塔があり、舜夢は寺の近辺で修行をおこなったという。行屋と呼ばれる堂があり、観音堂も付設されていた。補陀落渡りの船は、維雲菴から近い海から出たというから、舜夢上人は加世田小湊の海岸から補陀落渡海したのであろう。舜夢上人の履歴はもちろん、彼が補陀落渡海した年月も明らかでない。とはいえ、舜夢上人の位牌と補陀落渡海碑が残っていたのであり、やはり補陀落渡海の貴重な記録といわねばならない。

日新寺末の維雲菴

補陀落渡海僧舜夢上人の位牌と石塔があった維雲菴は、近世には日新寺の末庵であった。『神社調』には「普門山　小湊日新寺末維雲菴、開基の年月知らず、開山天沢淳和尚、延徳元年（一四八九）己酉九月九日遷化《せんげ》」とあり、維雲菴の開山天沢淳和尚が、延徳元年に亡くなったことを伝える。維雲菴の本寺であった日新寺は、加世田市武田にあった曹洞宗寺院で、現在の竹田神社境内の一画が寺跡といわれる。当初、島津国久が開基となり保泉寺と号した。開山は泰翁宥仙、その後、永禄七年（一五六四）島津忠良が再興したと伝える。忠良の出家名は日新斎といい、つまり日新寺とは島津忠良おかかえの祈禱寺院であり菩提寺でもあった。明治初期に廃寺となり、現在の竹田神社となった。また忠良には井尻神力坊という修験者《しゅげんじゃ》が仕え、神力坊は薩摩繁興のため全国六十六州に『法華経』を奉納した廻国山伏で、忠良亡き後に殉死した。そのような日新寺の末寺として加世田小湊に維雲菴があり、ここに舜夢上人の補陀落渡海が語り継がれていたのである。

維雲菴の遺跡

『神社調』に見える舜夢上人の補陀落渡海は、いったい何年の内容であり、そして、維雲菴とはいったい何処に存在していたのであろうか。そこで現地を調査すると、加世田市小湊の寄木八幡宮の近くに真宗寺院正信寺があり、裏手の共同墓地の一画に墳墓や板碑など二十数基が整理して集められている。それら一群の中に「当菴開基天沢淳和尚」という銘文を刻す無縫塔《むほうとう》（卵塔）が確認できる。これは先に示した『神社調』維雲菴の本文に見えた「開山天沢淳和尚、延徳元年（一四八九）己酉九月九日遷化」とある開山天沢和尚の墓石に違いない。維雲菴を開いた天沢和尚は延徳元年の示寂というから、維雲菴は十五世紀中期から後期には存在していた。寺伝によれば、本尊は観音菩薩という。とりもなおさず、舜夢上人の補陀落渡海を伝える維雲菴は、たしかに加世田小湊に存在したのであり、そこに定着した舜夢が補陀落渡海を決行したのである。舜夢上人の補陀落渡海は、開聞岳《かいもんだけ》の補陀落信仰や薩摩山伏に多く見られる入定信仰の影響があっただろう。

赤面法印の入水往生

宮崎県日南市《にちなん》の願成就寺には、祐遍和尚の入水往生譚が伝わっている。祐遍は永禄年間（一五五八～七〇）飫肥《おび》城下の十文字横馬場に生まれ、青年僧として上洛、真言宗智積院《ちしゃくいん》に学び、帰郷して願成就寺に定着した。祐遍はあまりにも美男僧であったため女人の憧れの的であった。そこで祐遍は、この美貌は仏道修行の妨げと思い、みずから熱湯をかぶり顔面醜悪の僧となった。いつしか人びとは彼を「赤顔《あかづら》法印」と呼ぶようになったという（『日向地名記』）。『日向記』（巻十三）には

「此法印修験者ニテ加持ノ功モ有ケル」とあり、有徳の修験者であった。

祐遍は願成就寺第五世で中興の祖とされる。『日向地誌』の伝承記録によると、願成就寺は真言宗智積院の末寺で俗に談義所と呼ばれた。天正末、日向北部の武将伊東祐兵《すけたけ》が飫肥に入部したとき創建され、開山は勢誨と伝える。支院に医王院・金剛院があった。

元和元年（一六一五）祐遍は、かつて諏訪大明神といわれた酒谷神社（現在の酒谷城跡）を再興し、元和四年には伊東祐慶《すけのり》の嫡男祐久（幼名藤松丸）の疱瘡平癒祈願をおこない、また、都於郡《とのこおり》（現在の西都市）にあった伊東家の氏神、岩崎稲荷大明神を飫肥星倉に勧請し導師を勤めた。飫肥藩主第二代伊東祐慶の時であった。

祐遍は願成就寺第六世の重翁から教えを受け、補陀落山を求めて廻国修行に出たとも伝える。そして、今の祐遍堂下の河原に筏《いかだ》を組み、観音浄土を目指して漕ぎ出したという。寛永四年（一六二七）八月三日であったと伝える。毎年、酒谷川では祐遍の霊をしのび、命日の八月三日に「赤面法印灯籠流し」として小さな提灯を流す行事がある。赤面法印祐遍の出海も補陀落渡海の傍系として理解できるだろう。

日本海の補陀落渡海

これまで九州地区に遺存する補陀落渡海《ふだらくとかい》碑について紹介してきた。ここで、山陰地方に伝承される補陀落渡海について一瞥しておきたい。

嘉慶の塔

鳥取市青谷《あおや》町浜町に「補陀落渡海石碑」ではないかといわれてきた自然石板碑がある。青谷町の中央を流れる勝部川の河口に建ち、もとは国道九号線の橋のたもとから出土したという。地元の伝承によると「カケイノトウ」といい、喉の神として信仰されている。板碑は高さ一・四七メートル・幅六二センチ・厚さ四〇センチの自然石である。上部に阿弥陀三尊の種子《しゅじ》があり、その下に「嘉慶三己巳年二月吉日／一結衆□／敬白」の銘文がある。

石碑の風化によって銘文は十分ではないが、地元で「カケイノトウ」と呼ばれているのは、この板碑が建立された年次を示す「嘉慶《かけい》三年」（一三八九）に因むものであろう。「嘉慶」は「かきょう」が一般的な年号名であるが、地元では「嘉慶」は「かけい」であった。これらの銘文だけでは、どうしても補陀落渡海の板碑とはいえない。しかし、青谷町の石碑を積極的に補陀落渡海碑ではない、と否定する根拠もない。ただ、現状の銘文から推し量れば、補陀落渡海碑であると積極的に肯定できかねるのである。

もっとも、この石碑に姥捨《うばすて》伝承があるのは注意が必要であり、因幡《いなば》国や伯耆《ほうき》国の古い水葬を暗示しているようにも思われる。補陀落渡海の形態には水葬と入水往生の二面性があることはたしかであり、いつしか青谷の板碑も補陀落塔といわれ始めたのであろう。

出雲大社と出雲聖人

ところで、島根県大社《たいしゃ》町杵築《きずき》に縁結びの神として有名な出雲大社《いずもたいしゃ》が鎮座している。古代の式内社である。明治四年（一八七一）まで杵築大社と号した。祭神は大国主神《おおくにぬしのかみ》である。神殿は東大寺大仏殿よりも高く、平安時代には神殿転倒の記事が多く散見する。藤原頼長の日記『台記《たいき》』久安二年（一一四六）九月十四日条によると、出雲聖人なる者が、大坂四天王寺の西門鳥居の外にあった八幡念仏所で阿弥陀悔過《けか》法要をおこない、毎年一回百万遍念仏を人びとに勧めていたという。同三年九月十三日条にも出雲聖人が西門あたりで迎講《むかえこう》（阿弥陀如来《あみだにょらい》の来迎《らいごう》を演じる儀礼）をおこない、これを見た鳥羽《とば》法皇は感涙されたという記事がある。出雲聖人の正体は明らかでないが、出雲を出自とする念仏行者であったことは間違いないだろう。

慶長八年（一六〇三）には、京の都で出雲のお国《くに》なる女性がかぶき踊りを成功させた。いわゆる歌舞伎の創始者として多くの伝説を生み、彼女は出雲大社の巫女《みこ》であったという説もある。杵築大社は神社信仰と同時に、仏教の僧侶も芸能者も出す文化環境にあった。

杵築大社には紀州熊野三山と同じように「本願職」も存在した。社殿の造営、遷宮《せんぐう》の維持のため勧進《かんじん》をおこなう組織である。杵築大社の本願組織は、社家《しやけ》（国造家）との争論を繰り返し、寛文二年（一六六二）江戸幕府寺社奉行の裁定によって排除され、同七年杵築大社の「神仏分離」に結び付いたといわれる。

重善上人の補陀落渡海

杵築大社には千家氏と北島氏を軸とする国造家・社家が知られるが、別当寺としての鰐淵寺《がくえんじ》の存在も忘れられてはならない。また、中世末期には尼《あま》子《こ》氏や毛利《もうり》氏など戦国武将の庇護を受けることもあったが、十四世紀後期から十六世紀後期まで、杵築大社は造営・遷宮を繰り返す時期でもあった。その資金を集める多くの勧進聖が出現したことが近年明らかになりつつある。

近世初頭の写本といわれる『杵築大社旧記録御遷宮次第』（『鰐淵寺旧蔵文書』）には、古代から天正八年（一五八〇）にいたる社殿倒壊・遷宮式の記事が列挙されており、天文十年（一五四二）には次のような記事が収載されている。

一、天文十年辛丑九月十八日、杵築仮宮ヨリ重善上人補陀洛渡海、俗名亀井秀三郎、氏ハ惟宗、発心シテ如此《かくのごとし》云々、勤行衆《ごんぎょうしゅう》鰐淵寺衆徒《しゅと》十五人、導師竹本房栄伝法印一夜勤行畢《おわんぬ》、出船時ハ管弦アリ、道俗男女凡《およそ》十万余人群衆シ、見物の袖ヲシホリ畢、渡海人類（数）廿一人。

これまで日本海側における補陀落渡海について確証がもてる記録は未知であった。しかし、驚くことに、日本海岸でも補陀落渡海が存在したことになる。日没の夕陽が美しい出雲の自然環境を考えると、たしかに浄土としての補陀落世界を想定できる地域である。平安時代の出雲聖人が、大坂四天王寺で阿弥陀の来迎を演出する迎講《むかえこう》を始めたという話も納得できるものがある。天正三年、勧進沙門某の「本堂再興勧進帳」（『鰐淵寺旧蔵文書』）の一節にも、出雲の海岸を「観自在尊（観音菩薩）は、遠く南方補陀落の宝崛《ほうくつ》に起こり慈眼を開く」と形容している。

国人層の結縁

杵築仮宮から補陀落渡海した重善上人の正体は、今のところ不詳である。俗名を亀井秀三郎と称したが、ちなみに大永二年（一五二二）の杵築大社一万部法華経供養の奉行衆として亀井能登守秀綱、三重塔婆建立法会にも奉行として同人物があり、享禄三年（一五三〇）の一万部御経読誦供養奉行としても亀井能登守が見える。俗名亀井秀三郎・出家名重善上人は、亀井能登守秀綱の系譜に連なる人物であろうし、出雲における有力国人《こくじん》層の出自であったと考えられる。

重善上人の補陀落渡海に先立つ法会の勤行衆は、鰐淵寺衆徒十五人、導師は竹本房栄伝法印であった。竹本房栄伝法印は杵築大社の別当鰐淵寺僧であり、大永二年の杵築大社一万部法華経供養の経奉行、三重塔婆建立法会には供養導師として曼荼羅《まんだらく》供を勤め、天文九年（一五四〇）の経供養には導師、同十五年の杵築仮宮遷宮にも導師、同十九年の杵築大社遷宮式には遷宮導師を勤めた。このときの遷宮式は大檀那として鎌倉期の守護、佐々木氏の末裔佐々木晴久、本願は南海上人であった。南海上人とは、いかにも補陀落信仰を奉じる僧名を彷彿させる。ちなみに、四国の足摺山金剛福寺の中興の祖として、南仏上人が知られている。

重善上人の補陀落渡海は、結縁《けちえん》者二十一人をともなった集団渡海であった。「塩冶《えんや》氏系図」によると、虎千代丸なる者が「補陀洛へ渡る」とあり、彼は重善上人に結縁した人びとの、その一人であったのかもしれない。虎千代丸は出雲国の国人、塩冶貞綱の子息であった。重善上人が補陀落渡海を思い立ったのは発心《ほっしん》によるものであったが、出船の時は管弦が鳴り響き、道俗男女、およそ十万余人の群衆が涙の袖を絞って見送ったという。いささか文飾がすぎる記事とはいえ、補陀落渡海史に新たな視点を開くものとして重善上人の補陀落渡海は重要である。今後の検証が待たれる。

宣教師が見た補陀落渡海

外国文献の補陀落渡海

日本の補陀落渡海

補陀落渡海《ふだらくとかい》が最もさかんにおこなわれたのは十六世紀であった。もっとも史資料の遺存性に関わることであり、記録されなかった補陀落渡海もあっただろう。十六世紀といえば、新しい異文化として日本にキリスト教が伝来した時期である。本節で紹介するキリシタンの宣教師たちも、まったく驚きの目で補陀落渡海を実際に見たり、また、見聞、記録していた。彼らの書簡や報告には、誤解と思われる記述が認められるが、日本側の文献には窺われない具体的な記述があり、客観的に補陀落渡海を考えるうえで重要な記録である。以下、外国文献に見える補陀落渡海を紹介することになるが、本書で使用する外国文献は、いずれも翻訳文である。少し古い文語体もあるので、私なりに要略して紹介、掲示することにしたい。

『日本諸事要録』

天正遣欧使節団の発案者であり、活字印刷機によるキリシタン版を開始した人としてバリニャーノがいる。そのバリニャーノの『日本諸事要録』（一五八三年）第三章に、「日本人の宗教と諸宗派」と題した次のような一節がある。

彼等（日本人）は多くの迷信を有している。彼等の中には、あるいは聖人の名称を得るため、あるいは彼等が空想しているある天国に行くために、大げさな儀式によって、生きたまま海中に身を投じて溺死する者もいるし、また生きたまま地中に埋葬される者もいる。

右に見える本文で、バリニャーノが「彼等が空想しているある天国に行くために、大げさな儀式によって、生きたまま海中に身を投じて溺死する者もいる」と書いているのは、まさしく補陀落渡海にほかならない。並記するように「生きたまま地中に埋葬される者もいる」とあるのは、修験山伏たちの土中入定《にゅうじょう》を指した記述であろう。バリニャーノは、日本の山伏たちがおこなう補陀落渡海や入定を特に注目していた。

『東方伝道史』

一六〇一年に刊行されたグスマンの『東方伝道史』第十二章「悪魔が奸策《かんさく》を弄《ろう》して日本人を死に導くことについて」の中でも補陀落渡海を述べた記事がある。

この国民達の無智文盲の一つには、日本に多数の国があるように、来世にもまた多数の極楽があり、各々の偶像を祭祀し、仕えるものを己の極楽に迎えるものと考えている事がある。従って水の下に観音という偶像の極楽があると確く信じている。その信者及び渇仰者は、そこに行きたいと願った時、そこに赴く数日前に高い所に登り、そこより知人、友人達にこの世の無常を説き、己と一緒に行く好機を逸するなかれと説得する。最後の日、すべての者に別れを告げ、多くの人に伴なわれて海岸へと歩みを進める。船が沖に出た時、首、手足、体の中ごろに大きな石を結びつけ、罪の重さで直ぐに地獄に落ちるのに十分であるかのように、一人一人、海に飛び込んで溺死する。（中略）海辺での有り様を見ていた人々は、さめざめと泣いて彼等の幸福な運命を羨《せん》望《ぼう》する。また、ある者は船が沖に出た時、漸次水が入って沈むようにと、船底に穴をあける方法を用いる。悪魔のこの殉死者のため海岸に祠堂を建て、聖人として拝む人々、また聖地として参詣する人々は、賛辞の詩歌をもってそれを飾る。

本文中に見える「水の下に観音という偶像の極楽」とは、南方海上にあるという補陀落世界であり、そこに行こうとする者は、民衆に功徳《くどく》を説き、結縁《けちえん》・同道を勧めたという。グスマンが見聞した補陀落渡海の船には、身体の各所に石を括《く》り付けた人びとが乗船し、彼らは海の中に入水《じゆすい》したという。また、補陀落渡海船の底には穴があって、海水が徐々に浸水して沈没する方法もあった。残された人びとは、補陀落渡海した仲間たちの供養として、海岸に堂を建てたというから、おそらく観音を本尊とした堂であったろう。人びとは、この観音堂に参拝し、声高らかに読経したのである。

グスマンの『東方伝道史』に見える右の記事は、のちに紹介する「ビレラ書簡」や「フロイス書簡」を典拠としており、その点、グスマン自身の新しい記述ではない。とはいえ、外国人にとって補陀落渡海は、ときには野蛮な行為として、ときには崇高な行為として目に映り、日本宗教の希有な現象としていつまでも記録された。

フロイス『日本史』

外国文献で見落としてならないのは、ルイス・フロイスが『日本史』に補陀落渡海を要説していた点である。『日本史』総論第十八章には「仏僧らが行なう補陀落、および、彼らが悪魔に奉献するその他の流儀について」と題する一章があったという。しかし、残念ながらこの総論は未発見であり、内容を知ることができない。隔靴《かっか》搔痒《そうよう》の感がある。もしこの総論の部分が発見されるとなると、補陀落渡海の研究に多大な情報をもたらすことになる。

『日葡辞書』

一六〇三年に刊行された『日葡辞書《にっぽじしょ》』にも補陀落渡海に関わる項目が説明されている。キリシタンを伝道、布教する宣教師や巡察師たちの、並々ならぬ関心があったからにほかならない。『日葡辞書』には、「フダラク」について「異教徒等《ゼンチヨ》が南方にあるといっている観音の天国《パライゾ》」と解説し、「フダラクニワタル」は「海上の何処かで入水するための石を積んだ一艘の美しい飾船に数名の坊主が乗り込み、この浄土へ船出すること」とある。『日葡辞書』の補遺では「フダラクセン」が追加され「海中に身を投じて偶像《イドロ》である観音の天国へ赴くために乗って行く船」と解説している。

シュールハンマー「山伏」

ドイツのキリスト教史家で、欧州ではフランシスコ・ザビエルの研究者として知られるゲオルク・シュールハンマーが、一九二二年に発表した論文「山伏」の中にも補陀落渡海に関する記述がある。この論文は、十六世紀から十七世紀におけるキリシタン宣教師たちの報告書や書簡のほか、ケンペルの『日本誌』などを活用した外国人による日本の修験道研究である。補陀落渡海については、後掲する「ビレラ書簡」を引用している。

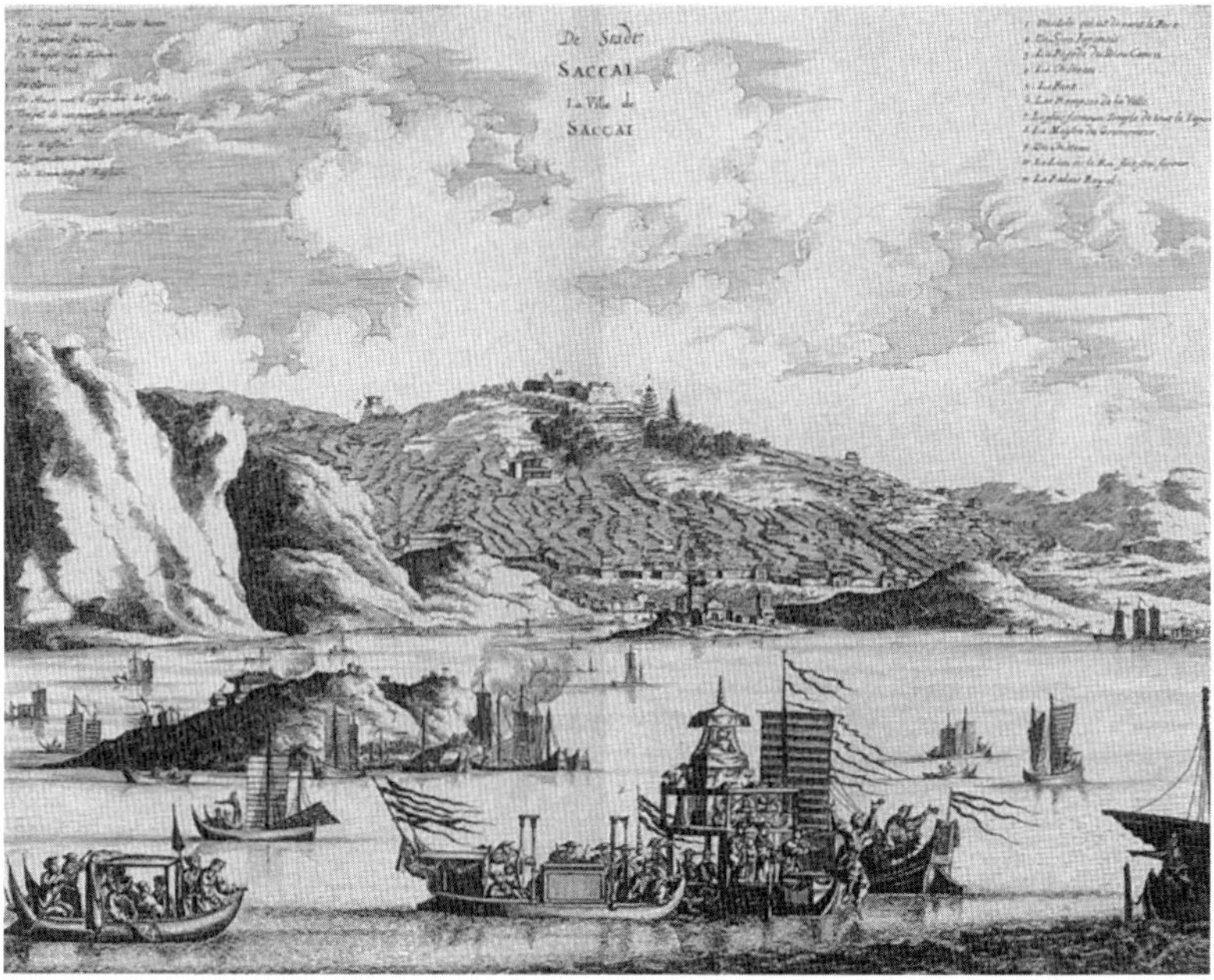

図20　堺港での補陀落渡海としての入水（モンタヌス『日本誌』より、大阪城天守閣所蔵）

モンタヌス『日本誌』

十七世紀半ばすぎに日本を西洋に紹介したオランダ人がいる。アーノルド・モンタヌスである。彼はアムステルダムのラテン学校の校長を務め、一六六九年、イエズス会宣教師の書簡や長崎出島のオランダ商館員報告を典拠にして『オランダ東インド会社日本帝国遣使紀行』を著した。すなわち、モンタヌス『日本誌』であり、日本では大正十四年（一九二五）に英訳からの翻訳本が刊行された。

そのモンタヌス『日本誌』に大坂・堺港を描いた挿絵がある（前ページ図20）。管弦楽を演奏する人びとを乗せた多くの船が浮かぶ堺港の賑わいを描いた銅版画である。凝視すると、一隻の船から両手を真上に広げ、歓喜するように海に飛び込んでいる若者が見える。たしかな参照できる文献がないとはいえ、この絵像は補陀落渡海としての入水場面ではないかと思われる。モンタヌスは、次節で紹介する、一五六二年に堺から発信された「ビレラ書簡」に記述された補陀落渡海を熟知していたと推断されるからである。本書には、一六八〇年オランダ語版『日本誌』に掲載された問題の銅版画を参考として掲げておきたい。

以上のような外国文献に見える補陀落渡海は、キリシタン宣教師たちの書簡や報告類が直接の典拠となっており、特に日本の宗教として目をひいた修験山伏の行動や思想が記録されている。そこで、以下に数編の文献（訳本）をそれぞれ掲げて紹介することにしたい。

宣教師たちの書簡

アルカソバ書簡

補陀落渡海《ふだらくとかい》に関する最も早い報告は、「一五五四年・ゴア発・ポルトガルのイルマン等宛・アルカソバ書簡」である。ペドロ・デ・アルカソバは、一五二三年ごろにポルトガルに生まれ、二十歳のときにイエズス会に入会、一五五二年マラッカを出て日本に向かい、同年八月、鹿児島に上陸したといわれる。その後、豊後《ぶんご》や山口で布教に従事し、一五五三年十月に肥前平戸《ひぜんひらど》からインドに帰った。次に掲げる「アルカソバ書簡」は、したがって日本に滞在した一五五二年（天文二十一年）から翌年にかけて見聞した日本の状況を報告したものであろう。すなわち、アルカソバは日本国内の僧侶のさまざまな苦行を叙述したあと、次のような一節を報告している。

一つの仏を祀る山に行き、苦行をなす坊主等がある。彼等は六十日間に七、八回のほか食事をとらない。その量は一つの手に充つるだけであり、苦行が終わればこれまで重ねた罪悪を互いに告白し、終っては誰人にもこれを告げてはいけない誓いを立てる。この国には悪魔に殉死する者が無数にいて、日本のこの地方の甚だ高き岩の上に一つの仏がある。日本人は悪魔に殉死するため同所に行き、身を投じ、その仏のために死ぬゆえに聖徒になるものと信じている。また長時間起立して少しも休息しない者もある。この間に多額の金銭を集め、悪魔が苦行を充分なりと認めた時、その金銭を船に積み、自らこれに乗って海上に出ずることを命じる。船には穴を穿《うが》ち、かくのごとくして死ねば救われるものと思っている。

右に見える「日本のこの地方の甚だ高き岩の上に一つの仏がある」とは、おそらく大峰山を指していると思われ、修験山伏《しゆげんやまぶし》の断食行、罪を告白する懺悔の場所、不動不眠行を伝える。「日本人は悪魔に殉死するため同所に行き、身を投」げるとは大峰山でおこなわれていた捨身《しやしん》行であろう。彼らは「多額の金銭を集め、……その金銭を船に積み、自らこれに乗って海上に出」たのであり、これが補陀落渡海であった。アルカソバがいう補陀落渡海船の船底には穴が抜きあけられ、そこから海水が浸

トルレスの情報

入して船もろともに海底に沈めば救われると信じられていた。

アルカソバは、右に示した記事に一つ間をおいて、「予にこれらのことを語りしパードレ・コスモ・デ・トルレスは、イルマン・ドワルテ・ダ・シルバとともに山口に在り」と述べており、補陀落渡海は、トルレスからの情報であったことがわかる。トルレスはイスパニアの宣教師で、一五四九年に来日、ザビエルが去ったのち日本布教長として山口や豊後国で活躍し、キリシタン大名大村純忠《すみただ》・大友宗麟《おおともそうりん》に影響を与えた人物である。トルレスは日本でおこなわれる補陀落渡海を知っており、それをアルカソバに伝えたのであろう。

ビレラ書簡

「一五五七年・平戸発・インド、ヨーロッパ耶蘇会《やそかい》のパードレ、イルマン等宛・ビレラ書簡」を示そう。ビレラはポルトガル人で、一五五六年（弘治二年）インドのゴアから豊後国に踏み入り、当初は肥前国の平戸で伝道した。一五六二年（永禄五年）、和泉国・堺に赴き、以後は主として堺で布教したイエズス会宣教師である。

当地には悪魔に礼拝をなす者がある。これをしようと欲する時、高山に登って数日間悪魔を待ち受けると、悪魔が彼等の望みの姿で現れる。このような人を山伏と称す。山の武士の意なり。彼等が聖徒とならんと欲する時は、直立して眠らない。または甚だ僅少な食物を摂るなど、大いなる苦行をおこない、また祈禱をすれば諸人は彼等に施《ほどこし》をする。二、三ヵ月をへて悪魔が十分なりと言うに及ぶと、彼ならびに彼に随行する人々、および、施与の金銭を小舟に乗せて大海の真ん中に出て、舟に穴をあけて地獄へ赴く。苦行の方法は多いが、皆悪魔に欺かれて行う。

ビレラは特に日本の修験山伏に興味を示したようで、山伏を「山の武士」というおもしろい見解を述べている。これら山伏たちは、直立の不動不眠行・断食行を実践する行者で、二、三ヵ月の苦行のあとに「施与の金銭を小舟に乗せて大海の真ん中に出て、舟に穴をあけて地獄へ赴く」と書いている。ビレラが報じる補陀落渡海は「彼ならびに彼に随行する人々」とあるから、補陀落渡りの主体者に多くの仲間があったことがわかる。

山伏の補陀落渡海

先にふれたシュールハンマーは、「山伏」と題した論文の中で、右に掲示した「ビレラ書簡」を引用している。詳しく述べると、シュールハンマーは、ガゴまたはトルレスによって編まれた一五五七年発行『日本誤謬摘要記《にほんごびゆうてきようき》』に、外国人にとってはとても信じられない、驚天するような日本宗教の補陀落渡海を挙げている。この補陀落渡海を述べるにあたって引用したのが、一五五七年発信の「ビレラ書簡」であった。そしてシュールハンマーは、「山伏たちは聖者の位階に到達するために（阿弥陀信者たちの手本に倣って）小舟で海上に出、そこで自分から溺死する」という一節を付け加えている。

もう一つのビレラ書簡

次に示す書簡もビレラの手になるもので、「一五六二年・堺発・耶蘇会のパードレ及びイルマン等宛・ビレラ書簡」である。すでにふれたように、ビレラはポルトガル人のイエズス会宣教師であった。日本における彼の伝道活動は、肥前平戸、生月《いきつき》地方、および、京都、そして長崎と広域にわたっている。ここに掲示する「ビレラ書簡」は、十六世紀半ばすぎの大坂・堺周辺でおきた事柄をしたためた書簡である。ビレラの活動を要略すると、彼は、一五五九年（永禄二年）九月、日本人ロレンソたちをともなって京都に入り、一五六一年四月に堺に赴いて伝道に従事し、翌一五六二年八月まで堺に滞在した。したがって、ここに掲げる「ビレラ書簡」は、一五六一年四月から翌年の八月の期間に書かれた書簡と考えられている。

当堺に来た後、日本人が偽《いつわり》の天国に行く方法を見た。即ち、難多き現世に厭《いと》き安静なる他の世を望んだ者が、天国行きを実行せんと決心した。日本人には国が多数あるように天国も多数有る。各《おのおの》其《その》サント（聖人）を有し、此世《このよ》に於て彼を信奉したる者を集めようと考えている。彼等の云う所によれば、天国中、海水の下に在るものがある。

右の人の行かんと欲するのはここであり、其サントはカノン（観音）と称し、其の像は火中に燃ゆるものの如く書かれている。同所に行かんと欲する者は、次の如き準備をする。数日前より底なき講壇の如き椅子の上に立ち、眠に就くことなく、其の部下は彼と同席し、現世の賤しむべきことを説き、聴衆に向かい彼の為《な》さんとする所をなすべしと勧告する。聴衆は絶ゆることなく、或は彼に喜捨し、また悪魔に動かされてこれに従う者がある。最後の日に彼と同伴すべき者に対し説教をおこない、順次酒を飲む。是れ、我等の間に相抱くと同じく友愛の表示である。彼等は船に乗り、また天国の道にある荊棘《いばら》を刈るため大きな鎌を携える。彼等は衣を更《あらた》め、最も好きな物を着し、各々背に大石を縛り付け、袖に石を充たし、速《すみやか》に天国に達せんとする。予が観た人は七人の同行を伴っていた。船に乗り海に投ずる時、大いに歓喜したことは予が非常に驚いたところである。

和泉国堺の補陀落渡海

右の書簡で注目されることは、「日本人が偽の天国に行く方法を見た」とか、「予が観た人は七人の同行を伴っていた」と明記しているように、ビレラが堺でおこなわれた補陀落渡海を自分の目で確認していた点である。

これほど信憑性に富み、具体性を持った記録は他にはないだろう。補陀落渡海がおこなわれる背景についてビレラは、「天国中、海水の下に在るものがある……其サントはカノン（観音）と称し」と日本人の言い伝えを聞いており、補陀落渡海が観音信仰の実践行であったことを明確にしている。しかし、ビレラは観音について「其の像は火中に燃ゆるものの如く書かれている」とし、一見、不動明王像と勘違いしている。

この堺における補陀落渡海を主導した人物の名前は明らかでない。しかし、渡海決行に先だって椅子の上で不眠行をおこない、民衆に対して「現世の賤しむべき」を説き、補陀落渡海を勧誘した。最後の日にはあらためて説教をおこない、同伴する人びとと順次酒を飲んだという。世に言うところの水盃《みずさかずき》、一味同心《いちみどうしん》・運命共同体を誓う神酒であろう。そして、この渡海行者に結縁し、同船した人びとは七人であり、乗船するときに衣類を新調し、鎌を携帯し、大きな石を身体に縛りつけ、あるいは袖に入れて入水した。入水におよんでふたたび身体が浮かんでこないように工夫がなされていた。

いずれにせよ、「ビレラ書簡」には、なまなましい補陀落渡海が描写されており、読み手の心の琴線にふれる。特にこの堺での補陀落渡海では、さまざまな準備・行儀が詳しく記述されており、まことに興味ふかい書簡である。なお、前節で紹介したグスマン『東方伝道史』前半は、本節で示した一五六二年の堺発「ビレラ書簡」を要略したもので、後半部は次に掲げる一五六五年の「フロイス書簡」の一部である。

フロイス書簡

『日本史』の著者として知られるルイス・フロイスは、日本の文化史上に大きな功績を残した人である。フロイスは、すでにふれたように『日本史』総論第十八章に「仏僧らが行なう補陀落、および、彼らが悪魔に奉献するその他の流儀について」と題する一章を書いていた。だが、今日まで未発見である。内容を利用できないのはきわめて残念であるが、フロイスが日本の補陀落渡海に大きな関心を寄せていたことは明らかであろう。

伊予国堀江の補陀落渡海

フロイス書簡で最も注目されるのは、次に掲げる「一五六五年二月二十日付・都発・中国印度のイルマン等宛・フロイス書簡」である。ここでは伊予《いよ》国堀江でおこなわれた補陀落渡海を報告している。

伊予と称する国の内、豊後より四十レグアの町、堀江と称す所に着いた時、我等が到着した六、七日前、悪魔に犠牲を捧げたことを聞いた。其の方法は次のようで、当地方においては常に行われていた。六人の男子と二人の婦人一団となり、数日前より町を巡って喜捨《きしや》を求め、これを集めた後、友人及び親戚に別れを告げ、彼等が期待していた阿弥陀《あみだ》の光栄に入ることを長く猶予することはできず、速に行きてこれを求めん

図21　堀江の海岸（愛媛県松山市）

といい、甚だ好きな衣服を着け、喜捨の金を袖に入れ、多数の人に送られて海岸に至り、一艘の新造船に乗り、頸、腕、脚、及び、足に大きな石を縛《ばく》し、再び海岸の諸人に別れを告げると、此《これ》等《ら》の諸人は多く涙を流して泣き、其の幸福に入ることを心中大に羨望《せんぼう》するの状を示した。彼等は海上に漕ぎ出で、親戚友人は船に乗ってこれに随い、再び彼等と訣別《けつべつ》する。海岸を離れること小銃の着弾距離の三、四倍の所に一人ずつ深き海、むしろ地獄に投身した。追従した人々は直に空虚なる船に火を附けた。けだし、これに乗って航海する価値ある者はもう無いからである。

海岸に接して記念の小堂を建て、小さな棒に紙の小旗を附けて屋上に立て、各人のため一本の柱を建てた。これに多くの文字を記し、小松を植え、堂内はサントを賛美する詩歌で満ち、住民は毎日行きてこれを拝することを常とした。海に投じた者の中には、手に長き鎌を携へた者があった。通路を妨いでいる密林の木を斬るためなりという。また自ら海に投身せず、船に大きな孔を作り、栓をして、これを抜いて船と共に海底に沈む事もある。

日常の補陀落渡海

右「フロイス書簡」は、一五六四年十二月、都で伝道していたビレラを支援するため、フロイスがアルメイダをともなって豊後を出発し、伊予灘を渡って同月二十八日に伊予国堀江に到着した前後の状況を報告したものである。永禄七年のことであった。驚くことに堀江でも補陀落渡海がおこなわれていた。堀江とは現今の愛媛県松山市の北、堀江である。フロイスは「伊予と称する国の内、豊後より四十レグアの町、堀江と称す所に着いた時、我等が到着した六、七日前、悪魔に犠牲を捧げたことを聞いた」と述べており、補陀落渡海は一五六四年十二月二十二日、または、二十三日の出来事であった計算となる。フロイスは地元の人びとからこの補陀落渡海を聞いたのであり、それは堀江地方では日常的におこなわれていた、とフロイスは念を押している。

八人の集団入水

伊予国堀江でおこなわれた補陀落渡海は、男性六人と女性二人の集団入水であった。彼らは数日前から街々を歩いて喜捨を求め、阿弥陀の西方浄土に往生することを待ち切れず、より間近に現存すると認識されていた補陀落浄土での再生を求めたのだという。実行にあたり、彼らは人びとから受けた金銭を袖に入れ、多くの人びとに見送られ、新しい一艘の船に乗り込んで海岸を出た。彼らの身体には、頸・腕・足に大きい石が縛り付けられていたという。出船にあたっては喚声につつまれた状況であっただろうし、肉親や友人との別離の涙が溢れたことであろう。やがて彼らは沖合に押し進み、ここで別船に乗っていた親者や友人と訣別することになる。そして、彼らはさらに沖合に出て、一人ひとり深い海に投身したのである。

追従していた人びとは、ただちに補陀落渡海船に火を付けた。そして、海岸に接して記念の小堂を建てたという。堂には「小さな棒に紙の小旗を附けて屋上に立て、各人のため一本の柱を建て、これに多くの文字を記し」たとあるから、日本の葬送儀礼に見られる天蓋《てんがい》・四本幡《しほんはた》・五色幡《ごしきはた》がかけられ、塔婆《とうば》が建てられたのであろう。さらに松を植え、堂内では渡海した彼らを供養するために読経をおこない、その後も人びとは常にこの堂に参拝す

図22　渡海した海岸に植えられた松（武久家本「那智参詣曼荼羅」より、武久品子所蔵）

るのだという。

　まさに騒然たる出来事であったろう。フロイスはこのような堀江における補陀落渡海を聞きつけ、一五六五年に書簡をしたため、京の都からイエズス会の同志に送ったのである。フロイスは、書簡の末尾に海中に身を投げた者の中に長い鎌を手に携えた者があり、また、自分から海に入水するのではなく、船に大きな穴を穿ち、この栓を抜いて船もろともに海底に沈む方法があると付け加えている。

某パードレ書簡　筑前国博多沖でも補陀落渡海がおこなわれた。「一五七七年・博多発・ポルトガルのパードレ及びイルマン等宛・某パードレ書簡」に記録されている。書簡をしたためた「某パードレ」は、むろん名前を明らかにしえない。さらに、補陀落渡海とは確証をもって叙述されてはいないが、われわれは、この書簡から博多でおこなわれた一人の苦行者の、懺悔にみちた入水を知ることができる。

筑前国博多沖の入水

ある苦行者がいた。彼は母親を殺《あや》め、その罪を現世で贖《あがな》うため諸国を巡り歩く行者であった。すなわち、「某パードレ書簡」には「来世において受くべき苦痛をこの世において受けん」とあり、これは日本の仏僧がおこなう逆修《ぎゃくしゅ》であった。諸国修行を終えた苦行者について「某パードレ書簡」は、さらに次のように報告している。

新しい絹の着物を着、靴を履き、頭には冠を戴き、庶民同伴して街より少し離れた仏寺の前の海岸に出て、準備された船に乗った。右の船には適当に薪を積み、同伴者はこれを漕いでファルコン砲着弾距離の海上に出たが、彼は袖および懐に石を入れ、また石を充たした袋をストラのように肩に掛け、悪魔の名を唱えて海に飛び込み、底に沈んで死亡した。苦行者の同伴者は、他の船に乗り移り、彼を連れて行った船には火を放った。各地方の人が多数海陸より見物に集っていた。

苦行者はすでに捨身を決意し、諸国を巡って博多に到着したのであろう。彼は徹夜で断食・祈禱を重ねていた。あるときは七日間続いた。寒季になると、あえて厳寒の日を選び、博多の街を十区にわけ、毎日一区を走った。彼の仲間は、住民たちが器に入れて用意していた冷水を苦行者に投げかけたという。これは明らかに寒垢離《かんごり》といわれる行である。

こうした苦行に続き、彼はまた川に身を沈め、五昼夜起立して不動不眠行をおこない、たえず祈禱を怠らなかった。ここにいう川とは博多の市街を流れる那珂川であろう。この間、仲間は「小鐘」を鳴らして諸方を勧進し、結縁《けちえん》に集まる人びとから苦行者への喜捨を受けた。「小鐘」の響きは、やがておこなわれる補陀落渡海（入水）の合図であった。数日、身体を休めると、行者は絹の衣に改め、靴をはき、頭には冠をかぶり、街より少し離れた寺院の前の海岸に出て、用意されていた船に乗り込んだのである。頭の冠とは、カミエボシ・カミカクシとも呼ばれる紙や布で作った葬礼のかぶり物「額紙《ひたいがみ》」であろう。

追従する人びと

船には薪が積まれていたという。入水のあとに船は燃やされた。同行者は船を漕いで苦行者を海の沖合に導いた。そして、苦行者は袖や懐に石を抱き、また、石を入れた袋を肩に掛け、仏名《ぶつみよう》を唱えて海に飛び込み、海底の藻屑となったのである。苦行者が身に付けた石とは経典を書いた「経石」と推断できる。そこで同行者は別の船に乗り移って渡海船に火を放った。

目の前でおこなわれたこの宗教的自殺には、諸方から多数の人びとが見物に集っていた。そうした一人として九十歳、また、八十歳になる老人が前日に信心をおこし、苦行者と同伴して一緒に入水した。感きわまった行動に出たのである。彼らは「神々の作った文字を一面に書いた紙の白衣」を着していたというから、経文が書かれた帷子《かたびら》を着ていたのである。白い紙製の経帷子が某パードレの目に深くとまったのであり、博多湾の青色と経帷子の白色の対比が一段と感銘を深くする入水記事となっている。

博多の海に身を躍らせた苦行者の介添え役であった同行者は、やがて彼の遺骸を受け取り、街の主要な門の一つの通路の傍らに葬ったという。残念ながら現在の場所はわからない。また、苦行者は「街より少し離れた仏寺の前の海岸」に出たとあるが、この寺院も確認できず、今となっては何ら痕跡も見いだしえない。玄界灘の荒波に苦行者の往生は消されたのであろうか。現今の博多湾は、鎌倉時代の蒙古襲来（文永の役・弘安の役）の遺跡・防塁から潮騒が聞こえるだけである。

キリスト教の伝来と補陀落渡海

キリスト教の伝来と雲仙修験

長崎県島原半島中央に雲仙普賢岳《うんぜんふげんだけ》がそびえている。雲仙岳は、普賢岳・妙見岳・国見岳の主峰を含めて総称する山岳名である。古今東西、地獄信仰の山として、祖霊の籠もる山として、五穀豊饒を祈る雨乞いの山として、地震鎮静を祈る普賢神として社会に機能し、万民快楽の信仰対象の山岳であった。すなわち、雲仙岳は山伏《やまぶし》たちの霊場《れいじょう》であり、修験道《しゅげんどう》が発生した肥前国有数の山岳霊場であった。

ルイス・フロイス『日本史』（一部一〇八章）は、「この高来《たかぎ》の地は……高く山が聳《そび》えている。かの山の上には……実に大勢の仏僧がおり……ここは日本における最大、かつ、もっとも一般的な霊場の一つで……これらの寺院は温泉《うんぜん》という偶像に奉献されており」と報告している。そうした伝統宗教が内在していた有馬・島原領内にキリスト教が伝来、定着し始めた。永禄六年（一五六三）ごろのことであった。

祐海上人の補陀落渡海

キリスト教が定着し始めたほぼ直後、温泉山《うんぜんさん》（雲仙）の修験僧、祐海上人が補陀落渡海《ふだらくとかい》した。永禄八年（一五六五）二月二十八日のことであった。

有明海に囲まれた肥前《ひぜん》国有馬・島原領内にキリシタンが広まった二、三年後の出来事となる。すなわち、大阪府泉南市信達《しんだち》の林昌寺《りんしょうじ》境内に祐海上人の補陀落渡海碑が現存する。祐海上人は、すでに紹介した弘円上人や夢賢上人とともに、九州における補陀落渡海史を構築する重要な人物である。祐海の補陀落渡海は、次に示す補陀落渡海碑によって確認され、補陀落渡海の金石文資料としては全国に三例しかない、そのうちの貴重な一基である。

梵字　補陀落山　肥前国之住温泉山祐海上人
梵字　我見自心形如月輪　敬白
梵字　渡海行人　永禄八年乙丑二月廿八日

祐海上人の補陀落渡海碑（図23）は、総高一・五二メートル・幅三二センチ・厚さ一〇センチの板碑で、

図23　祐海上人補陀落渡海碑
（大阪府泉南市・林昌寺所在）

上部の円輪に阿弥陀三尊の梵字・種子《しゅじ》（キリーク・サ・サク）が線刻されている。中央の「我見自心形如月輪」は密教でいう菩提心論の偈頌《げじゅ》で、霊魂が永遠に補陀落山にとどまることを表象したものであろう。銘文に見える祐海上人については、肥前国温泉山（現在の雲仙満明寺）の僧であったこと以外は、今のところわからない。だが、慶長二年（一五九七）の年次を残す雲仙『温泉山縁起』の識語に「大定（乗）院三十代　大僧都法印光海」とあり、雲仙満明寺の寺僧には「海」の字を相承する者が多かった。『温泉山縁起』を書いた光海も祐海上人の系譜に連なる人物と見て大きな誤りはない。では、どうして肥前国雲仙の祐海上人の渡海碑が和泉国林昌寺に残ったのであろうか。

和泉国の林昌寺

祐海上人の渡海碑が遺存する林昌寺は、現在、山号を躑躅山《ていしょくさん》と号し、阿弥陀如来を本尊とする真言宗御室《おむろ》派の寺院である。寺伝によると、天平年間（七二九〜七四九）に聖武《しょうむ》天皇の勅願によって行基が畿内四十九院の一つとして開創し、はじめは温泉山菩提院岡寺と呼んだ。その後は詳細不明で、織田信長《おだのぶなが》の兵火によって三院六坊の堂塔が灰燼《かいじん》に帰し、寛永十八年（一六四一）夏海上人が再興したと伝える。注目されるのは、林昌寺が旧山号を温泉山と号した点であり、この山号・温泉山は、肥前国雲仙修験の本拠であった満明寺の山号と同じであった。おそらく林昌寺の山号・温泉山も「うんせんさん」と呼ばれていたに相違ない。ちなみに、現在の兵庫県有馬温泉の温泉寺も、かつては「うんせん寺」（『御湯殿上日記《おゆどののうえのにっき》』享禄二年〈一五二九〉三月八日条）と呼ばれていた。

そうじて雲仙の満明寺縁起と林昌寺の縁起内容は、大宝〜天平年間（七〇一〜七四九）の行基《ぎょうき》開創といい、あるいは両寺の山号が同じ温泉山であった点など、両寺の縁起はすこぶる類似、または交渉があったことを認めなければならない。繰り返すと、林昌寺の旧山号「温泉山」は「うんせんさん」と呼ばれていたに相違なく、冒頭に掲げた渡海碑銘

「肥前国之住温泉山祐海上人」の「温泉山」も「うんせんさん」と読むことによって、この銘文が「肥前」の「温泉山」(雲仙岳)であることがはじめて理解できるのである。

雲仙岳と四国の霊場

祐海上人の本貫地であった肥前温泉山満明寺も四国の室戸と紐帯を固くしていた。すでに詳しく紹介したように、室戸岬は足摺岬と同様に補陀落渡海の場所であり、最御崎寺《ほつみさきじ》(東寺)と金剛頂寺《こんごうちょうじ》(西寺)がある。十三世紀初頭の両寺の住持は自性《じしょう》上人(我宝)といい、京都槇尾《まきのお》西明寺《さいみょうじ》を中興した僧でもあり、我宝はこれら三ヵ寺を兼帯していた時期があった。このような自性上人我宝の教義が実は肥前雲仙に伝わっており、雲仙満明寺に『自性上人密教修行念誦作法』、『槙尾山羅漢供法則奥垢浄光陀羅尼』、さらに温泉山縁起の異本として『肥前国自性山縁起』が伝来していた。このように肥前国温泉山は、自性上人を通して四国の最御崎寺および金剛頂寺の影響を受けており、当然ながら衆徒たちの間には、補陀落渡海の行儀・法則が伝授されていた、と推察される。

以上のような経緯と法脈を勘案すると、肥前国温泉山の祐海上人は、補陀落渡海の行儀を理解していたと思われ、彼の渡海碑が林昌寺に残っていたことも決して不思議ではない。そして、祐海上人が補陀落渡海した場所は、林昌寺の真向かいにあたる泉南地方の海岸、つまり和泉国《いずみ》の海岸であったことも異論がないだろう。和泉国付近の海岸で補陀落渡海が実践されていたことは、既述のようにキリシタン宣教師のガスパル・ビレラが大坂・堺での補陀落渡海を目撃している。この外国人が見た補陀落渡海は、祐海上人が渡海した二、三年前の出来事であった。

和泉国の海岸線は、熊野那智《くまのなち》から紀伊《きい》半島を西北にあがったもう一つの補陀落渡海の場所であった。祐海上人もこの海岸から渡海した一人であったということができる。祐海上人は、雲仙満明寺から林昌寺に移り、当寺を中興した真言山伏僧であったのであろう。こんにち林昌寺に伝わる巻子本《かんすぼん》『縁起』の奥書には、「肥前国渡海行者祐海上人門人誌焉」と鮮やかにあり、祐海上人が渡海したあとも、林昌寺は祐海上人の弟子たちが肥前温泉山（雲仙）修験の法脈と教義を継承していたことを物語っている。

有馬晴信の寺社破壊

肥前国有馬地域の領主であった有馬晴信《ありまはるのぶ》は、キリスト教に入信しドン・プロタジオの教名を得た。世にいうキリシタン大名の誕生である。晴信の入信・改宗にいたる経緯には紆余曲折があったが、彼は改宗政策の一環として天正八年（一五八〇）領内の寺社を破壊する行動に出た。その概要はルイス・フロイス『日本史』（二部五三章）に、「温泉《うんせん》と呼ばれ、日本では盛んな巡礼をもって知られる豪華な神殿……その神殿は有馬の城の上、三里の地にあって、そこには大なる硫黄の鉱山がある。神殿や僧院は、および神仏像はドン・プロタジオ（有馬晴信）の改宗後に破壊されていた」とある。

雲仙岳の惨状

フロイスは晴信の寺社破壊の実状を右のように記述しており、この破壊の惨状は『上井覚兼日記《うわいかくけんにっき》』「当郡南蛮宗にて、温泉坊中残り無く破滅に候」（天正十二年〈一五八四〉四月八日条）という記事によっても確認できる。当時、雲仙岳がどのような景観を有し、また、有馬氏の菩提寺であった台雲寺も破壊の対象となったのか、晴信のキリシタン改宗にともなう寺社破壊政策の詳しい状況は、なお追究の歩みが必要である。

しかしなお、有馬領内に入り込み、伝統的宗教であった雲仙修験の復興を企図していた薩摩島津氏は、上井覚兼たちを遣わして雲仙岳を視察させた。『上井覚兼日記』天正十二年五月一日条に、寺社破壊の現状を次のように記録している。

朔日、早朝打立候て、温泉山一見に参り候。新武（新納忠元）同道申し候。千々石《ちぢわ》ことく廻候。言語道断、殊勝の霊地、申すに及ばず候。悉《ことごと》く荒廃の体《てい》、是非なく候。四面大菩薩、ようやく礎《いしずえ》ばかり残り候。其跡にて念珠ども仕候。哀れなる体たらく也。

寺院の跡など見候て、哀涙袖を湿《ぬ》らし候。

キリシタン大名有馬晴信の既成宗教勢力の一掃政策が実施された。繰り返し述べるならば、キリシタン教団にとっても、有馬氏の改宗政策にとっても最も有効な手立ては、在来宗教勢力の領内追放であり、その鉾先が雲仙の修験教団に向けられたのである。言葉を替えていうならば、有馬・島原地方は明治初期を待たずして、すでに十六世紀半ばに「神仏分離」「廃仏毀釈」を受けた地域であった。

雲仙岳の補陀落信仰

十六世紀の有明海は、観音を奉じる補陀落渡海の行者たちが集まった所であった。熊本県玉名市に二基の補陀落渡海碑が遺存するのは、そうした補陀落信仰を象徴的に示している。そして、有明海に囲まれた雲仙岳で活動していた祐海上人も、雲仙岳の山岳信仰と海洋信仰の二面性に支えられ、観音信仰の実践行として渡海を敢行したのではなかろうか。いずれにせよ、雲仙修験僧祐海上人の渡海碑は、日本宗教史上の謎とされる補陀落渡海を考えるうえで重要な板碑資料なのである。

平成二年（一九九〇）十一月十七日未明、雲仙普賢岳が噴火した。寛政四年（一七九二）四月の大噴火より数えて百九十八年ぶりのことであった。以来、かつて見た雲仙普賢岳は平成新山と呼ばれ、かつての原風景は失われた。激しい宗教闘争が展開された雲仙普賢岳の景観は現代において変貌したのである。海上のはるか彼方にあるという観音菩薩の浄土＝補陀落山に向かって出帆した祐海は、むろん寛政四年以前の雲仙の姿を目にしていたことになる。祐海上人は有馬領内にキリスト教が伝来、定着し始めた直後に故郷雲仙と訣別して遠く和泉国に赴き、補陀落渡海を敢行したのである。

祐海上人の補陀落渡海は、外来宗教（キリシタン）に対して在来宗教（修験道）を必死に固持しようとした彼の主張、表明であったのであろうか。祐海上人の補陀落渡海碑は、キリシタンが肥前有馬領内に伝来、定着したあとの永禄八年（一五六五）の銘を持つゆえに閑却できないものがある。

補陀落渡海の絵画

那智参詣曼荼羅

社寺参詣曼荼羅

参詣曼荼羅《さんけいまんだら》と呼ばれる一群の絵画がある。日本各地の神社仏閣の社殿堂塔を描き、その中に参詣の人びとを描き込んだ絵画である。ことに各社寺に伝わる縁起・伝説・説話・霊験譚《れいげんたん》・仏事・神事などが異事同図的に描いてあるのが特徴である。画幅上部の左右には日輪・月輪があって、単なる鑑賞絵画ではなく、礼拝対象の絵画であったことを象徴的に示している。

これらの参詣曼荼羅は、絵図そのものが稚拙な作品として日本絵画史からはあまり採り挙げられなかった。しかし、作品には当時の神社仏閣の景観はもちろん、参詣者の姿態・行為などが動的に描写されており、実に楽しい、おもしろい絵画である。

社寺参詣曼荼羅の中で、最も大量に製作され、需要がたかかったのは、熊野《くまの》の「那智《なち》参詣曼荼羅」であった。現在まで国内外で三十数本を確認することができる。裏書などがある作品は少ないが、和歌山闘鶏神社本は慶長元年（一五九六）の年紀銘文を伝える。作品自体は、おおむね掛幅装の紙本着色で泥絵具で採色されている。絵巻物（巻子本《かんすぼん》）に改装された作品も二本ある。絵図の構成は那智山の自然景観や社殿堂塔の中に、那智滝図、文覚《もんがく》上人滝荒行図、法皇・上皇御幸図、大門と仁王《におう》像図、法燈国師覚心《ほっとうこくしかくしん》創設の奥の院、槌始《つちはじめ》図（田楽図）、六十六部廻国聖《かいこくひじり》の納経図、熊野牛玉宝印《ごおうほういん》の調製神事図、和泉式部伝説図、妙法山阿弥陀寺図、そして最下部に補陀落渡海図がある。「那智参詣曼荼羅」の絵相で最も圧巻な絵像は補陀落渡海図であろう。

補陀落渡海の図

補陀落渡海の史資料の中で、唯一の絵画史料であることはいうまでもなく、補陀落渡海の研究に実に効果的な画題を提供している。そこで今、次ページに掲載した和歌山福智院本「那智参詣曼荼羅」に見える補陀落渡海図をもとに、簡単な説明をしておきたい。

まず補陀洛山寺の前の波ぎわに大きな鳥居が建っている。鳥居の額には「日本第一」の文字がある。鳥居の間には赤い頭巾と袴を身に付けた渡海僧と思われる三人が立ち並び、

図24　福智院本「那智参詣曼荼羅」(和歌山県高野町・
福智院所蔵、高橋平明提供)

そのうしろには、黒い衣を身に付けた僧六人が天蓋《てんがい》や四本幡《しほんはた》を持って連なっている。彼らは渡海僧を見送る那智滝修行僧たちであろう。補陀落渡海が葬送の形態をもっておこなわれたことを物語っている。鳥居に向かって右には、山伏と白帷子《かたびら》姿の夫婦巡礼者がおり、いずれも渡海僧に向かって合掌している。鳥居の左下には松の木五本が植えてある。補陀落渡海の遺跡として意識的に植樹された松木であろう。

海上を見ると、補陀落渡海船と思われる屋形船が浮かび、大きな白帆が目に眩しい。帆には「南無阿弥陀仏」の文字がある。渡海船の後方には曳き船と思われる小さな舟が二隻浮かび、僧侶・山伏・俗人たちが乗っている。むろん船頭も描かれている。那智湾沖の綱《つな》切島《きり》、あるいは山成島まで渡海船を曳航《えいこう》するのであろう。今まさに那智の海岸から補陀落渡海がおこなわれようとしている場面である。絵は声を発しないが、静かな念仏と波の音が聞こえてきそうな絵像である。

那智参詣曼荼羅の原像

「那智参詣曼荼羅」に限らず、全国各地の社寺参詣曼荼羅は十六世紀半ばから十七世紀後半にかけて製作されたと考えられている。むろん十七世紀以降の作品もある。すでにふれたように「那智参詣曼荼羅」の現存作品中で紀年銘を持つ最古の作品は和歌山県闘鶏神社本である。慶長元年（一五九六）の年次銘

（墨書）を伝える。こうした補陀洛山寺の前における補陀落渡海図としては、今ここに紹介する重要な絵像がある。というのは、「那智参詣曼荼羅」に見える渡海図よりも古い補陀落渡海図があったからである。

十六世紀初頭に成立した法燈国師覚心《かくしん》の『紀州《きしゅう》由良《ゆら》鷲峯《じゅほう》開山《かいさん》法燈《ほっとう》国師《こくし》之《の》縁起《えんぎ》』（和歌山興国寺蔵）によると、彼の七十四歳の行業を記録したあとに「図　那智妙法山明星紫雲御社　滝　奥院　浜宮出補陀落船」という注記があり、那智山の絵図が存在していたことを伝える。つまり法燈国師覚心の伝記に熊野那智の海岸から出帆する補陀落渡海船の図があったのである。これら注記された絵像群は、現今の「那智参詣曼荼羅」の大部分を満たすものであり、とりもなおさず「那智参詣曼荼羅」絵像の芽生えといってよい。補陀落渡海の原図ともいうべきものが十六世紀初頭に確実に成立していたのである。

法燈国師覚心

法燈国師覚心は鎌倉時代の臨済《りんざい》僧として著名である。道号は無本、法諱は覚心、心地とも号した。信濃国神林に生れ、俗称は常澄氏、十五歳で仏門に入り、嘉禎元年（一二三五）東大寺で受戒した。その後、高野山に登り禅定院（金剛三昧院）の行勇について禅を学び、延応元年（一二三九）行勇に従って鎌倉の寿福寺に移り、次いで上野国長楽寺の栄朝に参じたが、建長元年（一二四九）、紀州由良浦から九州博多へ渡って中国の宋に入った。入宋僧である。建長六年に帰国、正嘉二年（一二五八）高野山禅定院の住持となり、次いで由良の西方寺《さいほうじ》（興国寺）の願性に請われて開山となり、密教寺院を改め禅寺とした。文永三年（一二六六）には信濃国に帰り、母親に孝養を尽くしたという。永仁六年（一二九八）西方寺（興国寺）「規法七カ条」を書いて遺戒となし、同年十月十三日に示寂した。亀山《かめやま》法皇から法燈禅師と勅諡され、のち後醍醐《ごだいご》天皇から法燈円明国師と追諡《ついし》され、よって覚心の門流を臨済宗法燈派と呼んでいる。法燈国師無本覚心が開山となった興国寺は、和歌山県日高郡由良町にある臨済宗法燈派

図25　無本覚心画像（和歌山県由良町・興国寺所蔵、京都国立博物館提供）

の本山である。由良荘の地頭であった葛山景倫《かずらやまかげとも》が安貞元年（一二二七）源《みなもとの》実朝《さねとも》の菩提を弔うため建立した西方寺を前身とする。中世から近世にかけて紀伊国の臨済宗法燈派の勢力は強く、特に熊野地方には興国寺の末寺が多く存在した。「那智参詣曼荼羅」に描かれた妙法山にも法燈国師が登ったという伝承がある。また、新宮神蔵山の麓にある妙心寺には覚心の母親が入寺したといい、法燈国師像・母公妙智尼像が近代まで伝えられていた。

現在の熊野那智大社の神域にある滝見寺（奥の院）は、法燈国師を開基とする那智社家方の菩提寺であった。つまり、奥の院は那智一山の菩提寺・滅罪寺（葬送寺院）としての機能を持っていた。「本地観音道場」とも呼ばれ、宝暦二年（一七五二）「由良興国寺書上」によると、奥の院（滝見寺）は弘安三年（一二八〇）の創立という。法燈国師無本覚心は、熊野の歴史や「那智参詣曼荼羅」を語るとき、決して無視できない僧なのである。

『紀州由良鷲峰開山法燈円明国師之縁起』

法燈国師覚心の基本的伝記として『元亨釈書《げんこうしゃくしょ》』（心地覚心伝）、自南聖薫編『鷲峰開山法燈円明国師行実年譜』（続群書類従）、『法燈行状』（花園大学蔵）などがある。確認としてもう一度述べると、補陀落渡海の絵図は、これら諸伝記の中で『紀州由良鷲峰開山法燈円明国師之縁起』（和歌山興国寺蔵、以下『法燈国師縁起』と略記）覚心七十四歳条に描いてあったといい、次のような無本覚心の話がある。重要な語句を多く含んだ縁起であるので大意をとって示しておきたい。

『法燈国師縁起』の意訳

無本覚心は七十四歳のときに熊野の妙法山に登った。白昼に明星が空にあらわれ、峰々に紫雲がたなびく奇瑞がおこった。『那智浜宮補陀落行処記』によると、補陀落山は海上の南方にある観音浄土である。覚心が入宋して帰朝するおり、船の上で不思議な告げがあり、夢の中で補陀落世界に行って千手千眼観音を拝んだ。ここは海岸孤絶のところ、潮声は妙法梵音のようであり、山色の景観は仏頭螺髪《らほつ》に似ており、紫竹・梅檀《せんだん》・吉祥草などが群生し人間世界の草木とは異なっている。覚心は感歎のあまり呆然としていた。しばらくあって、覚心が観音に向かって渡海の行法を問うと、千手千眼観音は「お前は功徳無量なり、願望を成就して来い。ただし、熊野那智山の滝本や浜の宮は、すなわち補陀落世界である。両所の本尊は吾が分身である。本当の補陀落山に参りたいと思えば、次のような修行をして渡海せよ」といって、行体の法則、船中の支度などを詳しく伝えられて夢が醒めた。

その後、観音から教えられたように修行し、順風に任せて船に乗り、七日七夜を経たが那智滝本に来てしまった。これは修行が不足しているのであろうと思い、何度も渡海をこころみたが満足しない。同じことを繰り返すこと七度に及んだ。しかるに那智権現の「那智の滝本は真実の補陀落世界であり、何人かの行者たちが願力によって尽未来際《じんみらいさい》に修行すれば、直に南方の浄域に到ることは疑いない」という神託があった。そこで無本覚心は那智山内に奥の院を初めて建立し開山となった。覚心は奥の院の住持となり常に滝に向って座禅した。故に法燈国師の慈像が刻され、滝に向って安置されているのである。

補陀落渡海図の萌芽

『法燈国師縁起』は、法燈国師覚心を熊野信仰においてきわめて重要な位置を占める人物として語っている。妙法山への登山伝承、『那智浜宮補陀落行処記』という初めて目にする文献の存在、それを引用して那智山の補陀落世界としての信仰を説いている。ことに渡海するにあたり、「行躰《ぎょうたい》ノ法則」、「船中ノ支度」といった補陀落渡海の行儀作法があったという。大いに注目しなければならない語句である。そして、那智の滝本と浜の宮が日本の補陀落世界と認識され、鎌倉時代にも篤い補陀落信仰に支えられていたことを的確に述べている。また、入宋した覚心自身が補陀落渡海行者であったような記述、那智権現の神託によって覚心が奥の院を建てた由来など、まことに見逃すことのできない多彩な記事が満載である。このような無本覚心七十四歳の行状について語る『法燈国師縁起』に、絵図として「那智妙法山明星紫雲」「御社」「滝」

「奥院」「浜宮出補陀落舩」が添えられていたのである。

『法燈国師縁起』にあった絵像「那智妙法山明星紫雲」は、妙法山阿弥陀寺の景観であろうし、「御社」は那智権現の社殿、「滝」は那智の滝、「奥院」は那智山神域内の奥の院（滝見寺）、「浜宮出補陀落舩」は熊野那智の海岸から出帆する補陀落渡海船の絵図であったことは自然に理解できる。これらの絵像は、今日、われわれが承知している「那智参詣曼荼羅」の四分の三以上を包摂する絵像群であり、今、話題としている補陀落渡海の絵図は、すでに鎌倉時代の初頭に鮮やかに芽生えようとしていたのである。

補陀落渡海図の絵解き

『法燈国師縁起』の成立過程

法燈国師《ほっとうこくし》覚心の重要な伝記『法燈国師縁起』は、絵巻物に仕立てられた上中下の三巻であった。そして、上巻の詞書の中に六ヵ所、中巻に七ヵ所、下巻には六ヵ所、総計十九ヵ所にわたって絵が描かれていた、と注記している。残念ながらこれらの絵図は失われている。これらの絵像群を仮に復元すると、室町時代の見事な絵巻本『法燈国師縁起』が誕生することになる。日本絵画史上における高僧伝絵巻としてきわめて意味を持つ作品になったことであろう。

さて、『紀州由良鷲峯開山法燈国師之縁起』には、末尾に識語があって覚心縁起の由来を明らかにすることができる。今、識語を要約すると、およそ次のようになる。

弘安三年（一二八〇）無本覚心の弟子、覚勇が最初の縁起を編み、親衛《このえの》亜《あ》将《しょう》藤公《とうこう》なる人物によって清書された。覚勇は弘安七年紀三井寺に報恩禅寺が造営された時に土木の提督となった門下僧であった。そして、本縁起が書かれたとき、無本覚心は存命中で、「後素《こうそ》を書する事、上人（無本覚心）一切、庶幾《しょき》せられず」とあって、「後素」すなわち絵図を縁起に書き入れることを覚心は望まなかった。

次いで応永九年（一四〇二）、成心なる者が縁起を再興した。その後、応永三十一年にいたり、明魏が興国寺の無本覚心の塔を参拝したおりにふたたび縁起を書き起こした。明魏《みょうぎ》は花山院長親《かざんいんながちか》である。花山院長親は南北朝合一のころ無本覚心の高弟、三光国師孤《こ》峯覚明《ほうかくみょう》について出家し、明魏と号した。耕雲とも号した。そうした明魏によって編纂された縁起は和文であったらしく、永正十四年（一五一七）には徳馨有鄰《とくけいゆうりん》が本山の命によって和文から漢文に改めて再興した。このとき、いろいろな伝記史料が参考にされた。それは南院国師・常光・絶海・正宗・西澗《せいかん》・自南らが書いた覚心の諸伝であった。そうした徳馨有鄰が改編した永正十四年本の縁起が『法燈国師縁起』であった。絵図の作者は「画史安井式部丞」であった。絵師安井式部丞については、今のところ明らかにできない。

特に注目しておきたいことは、永正十四年、徳馨有鄰が仮名交じりの縁起を漢文に改稿したという記事である。言い換えると、前段階の明魏の時点では縁起は和文であった。和文から漢文に改められたことは大きな変革であり、その改編の持つ意味はそれ以上に大きいといわねばならない。

絵解きの内本

『法燈国師縁起』は絵巻本であった。先に紹介した識語に続き、巻末にはまた追記した別の識語があり、この縁起の性格なり、あるいは縁起本の実際的な活用状況を叙述している。

識語によると、縁起文の段落の頭に朱で点を引いた箇所は、海路・陸路を問わず、「イソキテ」通る人、また、俗客の人びとが聴聞する時に抜き出して読む部分であるという。読み方には几帳面に読み聞かせる方法、あるいは要略・簡略にした読み方があるが、聴聞する人びとによって変更してもよい。しかし、大部分は手厚くていねいに読むべきである。姿は卑しくても心の中は優れた「ハツカシキ人」（立派な人）がいるからである。読み方に是非の批判があれば寺の恥辱であり、慎まなければならない。旧縁起は仮名文字で読みづらくて支障があり、聴聞する人が有り難いとも思わないので、漢字に改めた。旧本と同文もあれば、少し改訂した箇所もあり、また、旧本に載っていなくても肝要な事項は新しく書き加えた。文字の詰め開きに片仮名を付し、清濁の発音をはっきりさせ、ていねいに点を付けた。初心者はこの「内本」をよくよく読み、聴聞客に対して本縁起に支障がないように読まなければならない。そして、この再興縁起は、開山覚心示寂後の永正十四年（一五一七）に成就し、「内本」は翌十五年に成立した。そして、最後に七十一歳の徳馨有鄰が識語を書いたと伝えている。

重要なことは、『法燈国師縁起』が唱導本、あるいは絵解き台本の性格を明らかにしている点である。唱導には和語仮名本では殊勝に思われない当時の感覚があり、漢字本に改めたというのである。このような唱導用に作られた本を彼らは「内本」と呼んでいる。そして読み方には広略二様があり、聴聞者の有り様によって読み分けられたのである。

興国寺に立ち寄る熊野参詣者

最も興味を引くのは、海路・陸路を通って熊野に参る人びとが興国寺に立ち寄り、『法燈国師縁起』を聴聞したことである。巻末識語の一行目に「イソキテトヲル人」とあり、これは諸国からやってくる熊野参詣の人びとであることは間違いなく、文字通り急いで通りすぎる人たちであった。そのような熊野参詣者には『法燈国師縁起』の中でも特定したある一部分を読み聞かせたのである。

現在の興国寺（旧西方寺）は紀州日高郡の西端、紀伊水道に位置する。陸路ではいわゆる熊野参詣道にあたり、その熊野路を通って興国寺に立ち寄る慣習が成立していたのであろう。たとえば『元亨釈書』（無本覚心伝）に、「熊野に詣る者、路を鷲峰（興国寺）に取って必ず礼謁を志す」という一節がある。室町時代の御伽草子の一つ『筆結《ひつけつ》の物語』に、八百比丘尼たちが「熊野詣での時、由良の寺」に参ると語るのも参考になる。また、『法燈国師縁起』によると、覚心自身も、信州戸隠神宮寺で修行したのち、十九歳で東大寺の具足戒を受けるため「熊野詣道者」と一緒に国元を進発したといい、遠国から熊野を訪れる参詣者たちの一端を示している。俗人の熊野参詣者に限らず、禅律僧尼の熊野参詣往来も盛んであり、元徳二年（一三三〇）、歓喜寺（現在の和歌山市禰宜）長老で覚心の弟子でもあった賢心は、そうした熊野への道を往来する行者たちの接待所を設け、料田を寄進している。

補陀落山の絵を見る

では、「海陸ニヨラス、イソキテトヲル人」に読み聞かせた『法燈国師縁起』はどのような内容であったのであろうか。段落の頭に「朱」を引いた箇所とする。具体的に拾い上げると次の六ヵ所であった。

○師三十三歳条。延応元年（一二三九）無本覚心が高野山禅定院の行勇に付き従って相模国の寿福寺に移ったこと。○師三十六歳条。仁治三年（一二四二）無本覚心が山城国深草極楽寺の道元に参じ、菩薩戒・血脈を受けたこと。〇師四十一歳条。宝治元年（一二四七）無本覚心が上野国世良田長楽寺の宋朝に参じ、「忍辱精進・不蓄一塵財」の偈を受けたこと。〇師四十二歳条。宝治二年無本覚心が甲斐国心行寺の生蓮和尚に参じ、寿福寺の長老と昼夜にわたって座禅に同座したこと。〇師四十三歳条。無本覚心が建長元年（一二四九）九州博多より中国補陀洛山を通って長津《ちょうしん》に着き、径山《きんざん》の癡絶道冲《ちぜつどうちゅう》に謁参したこと。〇師四十四歳条。無本覚心が宋暦の淳祐十年（一二五〇）道場山にいたり、開山伏虎禅師の故事を知り、次いで荊叟如覚《がいそうじょかく》に謁したこと、である。

熊野詣での人びと、あるいは興国寺に立ち寄りながら先を急ぐ人びとには、無本覚心の高野山時代から入宋した話が説かれた事を明らかにしている。今にも無本覚心伝の説教が聞えそうだが、右『法燈国師縁起』の六ヵ所に添えられていた絵図としては、上巻の「極楽寺血脈相伝儀式」、「心行寺　与悲願同坐禅儀式」、中巻の「補陀落山　又乗舩」「径山寺」、「道場山　伏虎禅師座禅左右有虎」に該当することになる。絵巻物となっていた法燈伝が参詣者たちの前に広げられていたのであろうか、その様子が想像される。

図26　絵解き（『三十二番職人歌合絵巻』より、幸節静彦旧蔵）

熊野道者対象の絵解き

熊野へ急ぐ人びとたちは、法燈覚心伝の四十三歳条に添えられていた「補陀落山」、すなわち、中国の揚子江河口にある舟山《しゅうざん》列島の「補陀落山」の絵図を見たことになる。無本覚心が建長元年（一二四九）、紀州由良浦から九州博多にいき、そこから中国の補陀洛山にいたり、やがて宋国の高僧たちに参じた話であった。「イソキテトヲル人」たちには、このような補陀落世界が説かれたのである。

熊野へ急ぐ人びとは、やがて熊野に到着し、那智権現に参拝し、さらに那智の滝本を目の前にし、ここが真の補陀落世界であり、また那智浜宮と滝本の本尊は真の千手千眼観音の分身であるという話を聞いたことであろう。当然ながら那智の海岸からおこなわれた補陀落渡海の話も説かれていた、といっても言いすぎにはならないだろう。補陀落山の話は、熊野へ参る人びとを中心に、すでに興国寺の無本覚心の縁起として、絵解きされながら語られていたのである。

繰り返して確認することにしよう。われわれは『法燈国師縁起』の内容、絵図によって「那智参詣曼荼羅」にあるような補陀落渡海の図が鎌倉時代に芽生えていたことを知り得るのである。

補陀落渡海船の構造

補陀落渡海船の名称

観音の浄土といわれる補陀落山《ふだらくせん》に往生を願い、一葉の船に乗ってはるか彼方の海上に向かって出帆する補陀落渡海は、日本における観音信仰の実践的な信仰形態である。既述のように、補陀落渡海の実態を描く絵画史料として「那智参詣曼荼羅《なちさんけいまんだら》」がある。ここに描かれた絵像は、和歌山県東牟《む》婁《ろ》郡那智勝浦町にある補陀洛山寺の前の海岸でおこなわれた補陀落渡海であった。では、補陀落渡海船は、どのような構想のもとに造られ、また、どのような教義的意味があったのか、補陀落渡海船の設計・構造について考えてみたいと思う。

多くの補陀落渡海者を出した熊野地方は、古代から造船が盛んであり、熊野を冠した船が早くから知られていた。古来、船は山中で造られたといわれ、山から引き出されるものであった。『日本霊異記《にほんりょういき》』（下巻）には「熊野の村の人、熊野の河上の山に至り、樹を伐りて船に作る」とあり、後世、那智の海岸から出船した補陀落渡海の船も、当然ながら地元で造られたに違いあるまい。『梁塵秘抄《りょうじんひしょう》』（巻二）の「観音大悲は船筏《ふねいかだ》、補陀落海にぞ泛《うか》べたる、善根求むる人しあらば、乗せて渡さむ極楽へ」という歌謡が思い出される。

　補陀落渡海船に関する古い文献として、覚宗が那智で修行していた時に見たという船が藤原頼長の日記『台記《たいき》』で語られている。それは小舟の上に舵を持った千手観音像を乗せた補陀落渡海船であった。解脱房貞慶《じょうけい》の『観音講式』には、賀登《がとう》上人が乗船した「一葉舟」が見え、『地蔵菩薩霊験記』が語る賀登は「虚舟ニノリテ午ノ剋ニトモヅナ」を解いたという。また、長門本『平家物語』（巻四）が語る理一上人は、「御船にただ一人めす。彼舟はうつほ船なり。白きぬの帆をかけて順風に任す」とあり、白絹の帆を立てた「うつほ船」であった。およそ補陀落渡海船は「一葉舟」「うつほ舟」であり、日秀上人の船は「葦舟《あしぶね》」「駕舟《かごぶね》」であった。そして、九州の有明海から出船した弘円上人の船は「土舟」であったという。このように航海を楽しむような船ではなく、補陀落渡海船はややもすれば「死」を乗せた最も原始的な舟であった。

補陀落渡海船が絵画として描かれた早い例は、鎌倉時代の「天竺図」（法隆寺蔵）に見える「布陁洛山」に着いた船や、南北朝期の制作という「補陀落山曼荼羅」（奈良聖林寺蔵）には、数人の人びとを乗せて補陀落山に向かう船が見える。これらの絵画に見える船は帆柱と大きな帆を立てた、なみひととおりの船であるが、渡海船の古典的な絵画史料として刮目《かつもく》に値する。また、現在は散逸して伝わらないが、『法燈国師縁起《ほつとうこくしえんぎ》』の中にも補陀落渡海船が描かれていたことは既述のとおりである。はたしてどのような絵図であったのかわからないが、那智から出た補陀落渡船は人びとの記憶にかなり詳しく残っていた、といってよいだろう。

補陀落渡海船の仕掛け

補陀落渡海船で最も詳しいのは、『吾妻鏡』に見える智定坊の渡海船であろう。すなわち、「彼の乗船は、屋形に入る後、外より釘をもつて皆打ち付け、一扉も無く、日月の光を観るもあたはず。只だ燈《ともしび》を憑《たの》み、三十日ほどの食物、併《なら》びに油等を僅《わず》かに用意」した屋形船であった。船内は日月の光りも射さない密閉された空間を持つ船であった。また、十六世紀にキリシタンの宣教師たちが日本各地で見た補陀落渡海船は、「船底に穴を穿いた船」であり（ダルカセバ書簡）、「船に大なる孔を作り、栓をなし、これを抜きて船共に海底に沈む」船であり（フロイス書簡）、「船が沖に出た時、漸次水が入つて沈むやうにと船

図27　補陀落渡海船（正覚寺本「那智参詣曼荼羅」より、和歌山県・正覚寺所蔵）

底に穴をあけた」船であった（『東方伝導史』）。日秀上人が補陀落山に向かうとき、船底の穴を塞いだのは鮑《あわび》であったという縁起も、このような補陀落渡海船に仕掛けがあったことを端的に物語っている。

那智参詣曼荼羅に見える渡海船

「那智参詣曼荼羅」諸本が描く渡海船は屋形船であり、中央には大きな白帆があり、周囲には四つの鳥居とそれを繋ぐ十数本の卒塔婆で組まれた忌垣がある。渡海船の後方には二隻の小さな舟が連なり、山伏・俗人・黒衣僧・船頭たちが乗っている。補陀落渡海船に見える四つの鳥居と卒塔婆の忌垣は、いったい何であろうか。そのような問いを誰しもがいだくであろう。やはり普通の船ではないことを表している。異様な船である。そのような「那智参詣曼荼羅」に見える補陀落渡海船の絵図に対し、あたかも絵解きするような文章が『那珂湊補陀洛渡海記』の中にある。

補陀落渡海船の宗教的意味

『那珂湊補陀洛渡海記』は、享禄四年（一五三一）十一月十八日、現在の茨城県那珂湊の海岸から出船した高海上人の補陀落渡海を散文的に叙述した貴重本である。その『那珂湊補陀洛渡海記』が説明する高海上人の補陀落渡海船は、およそ次のようなものであった。

まず本文に「船中に席を分つこと、前後には四八に一を増す三十三身の示座を表す。左右には四五に一を滅す十九説法の梵席を呈す」とある。船中前後の「四八に一を増す」とは、四×八＋一の三十三座であり、つまり補陀落渡海船の前後には、観音が三十三身に変化して衆生を救うという信仰に基づく三十三席があった。さらに「左右には四五に一を滅す」とは、四×五－一の十九座であり、これは観音の功徳を説く『法華経《ほけきょう》』普門品《ふもんぼん》の十九段説法に基づく十九席であろう。これらの記述を実際の渡海船の構造説明と見るか、あるいは勧化《かんげ》・唱導用の飾り立てた本文と見るか、にわかに決定し難いが、いずれにせよ、

「那智参詣曼荼羅」からは窺われない渡海船の文字説明として注意される。

　次に渡海船の四方については、「四方に四門《しもん》を開けり。東門は発心。……南方は修行を表す。忝《かたじけな》くも補陀洛に対す。……西北には菩提《ぼだい》、涅槃《ねはん》の二門を開けり」と説明する。つまり、修行の階梯《かいてい》として教義を説く四門（発心門・修行門・菩提門・涅槃門）の構想を述べている。実は、ここにいう渡海船の四門が「那智参詣曼荼羅」の絵図にあるような四つの鳥居であった。補陀落渡海船の四つの鳥居を「四門」と明確に規定するのは『那珂湊補陀洛渡海記』のみであり、また初見と思われる。

　さらに『那珂湊補陀洛渡海記』は渡海船の帆について「多羅葉《たらよう》の梵文《ぼんぶん》」と説明し、綱は「素怛覧《そたらん》の貫線」と説明する。「多羅葉の梵文」とは多羅樹の葉に経文を刻んだ貝葉経《ばいようきょう》を彷彿させ、「素怛覧」とは修多羅《しゅたら》であり、線・紐の意味である。また、帆柱《ほばしら》については「檣《ほばしら》は是れ観音の楝《おうち》」と説明する。楝は栴檀《せんだん》・白檀の異名で香木であり、さらに舵については「楫《かじ》は是れ南方に椋《むくのき》」と説明を続ける。「檣は是れ観音の楝」とは、帆柱が受ける「煽《おうち》の風」とかけた表現であろうか。それとも帆柱として強靭な楝が用いられたのであろうか。また、舵が「南方に椋《むくのき》」とあるのは、おそらく南方無垢《むく》世界であり、あるいは南方に向く、つまり観音浄土がある南の方角に向くということとかけ合わせたのであろう。と同時に、補陀落渡海船の舵の用材として、実際に椋が使用されたことを暗示している。つまり渡海船の各所には、それ相応の性質を持った料材が使用されたことを示唆している。

高海上人たちが乗船した補陀落渡海船は、精巧・精緻に設計された船であった。右の説明は難解な仏教語が多く、文意を充分理解し得ない部分もあり、『那珂湊補陀洛渡海記』に叙述された補陀落渡海船が実際にそうであったのか、あるいは、作者恵範の宗教的・文学的技巧文なのか、検討の余地もあるだろう。とはいえ、補陀落渡海船についてこれほどの文字による説明は他に例を見ない。

補陀落渡海船と修験道

右のような補陀落渡海船の説明に続き『那珂湊補陀洛渡海記』は、さらに高海上人の渡海船に第二、第三の船が続いていたと記述している。そして、第二船に乗る人びとの装束については、難解な天台の教義によって説明する。第三船の人びとは役優婆塞《えんのうばそく》（役行者）の末孫であり、柿色の衣の上に綾の白房を懸け、腰には法螺《ほら》と螺緒《かいのお》を巻いて智剣《ちけん》をさし、額には頭巾《ときん》を付けて足には草鞋《わらじ》を履き、笈《おい》を背負って金剛杖を突くとあり、修験・山伏の法衣と法具で説明している。まるで歌舞伎などで知られる「勧進帳《かんじんちょう》」（安宅《あたか》の関《せき》）で弁慶《べんけい》が唱える口上のような説明である。このような説明は補陀落渡海の行儀の中に修験道の思想が混入していたことを明らかに物語っている、といってよいだろう。

三船三様の渡海船

高海上人の補陀落渡海に、第二、第三の二隻の小舟がつき従っていたことは「那智参詣曼荼羅」の絵像とまったく一致する。とすると、「那智参詣曼荼羅」に描かれた渡海場面は、絵師個人の構想に基づく絵像ではなかったのである。

さらにまた、渡海船を軸に二隻の船が連なる形態は何を表したものか、これもまた否応ない問題となるだろう。すでに私見を述べたように、補陀落渡海の三船は、阿弥陀を中尊とする観音・勢至《せいし》の三尊を表象しているといえるだろう。この推定を支える資料として、熊野那智の補陀洛山寺に残る渡海上人の位牌《いはい》に阿弥陀三尊の種子があり、熊本県玉名《たまな》市に残る弘円上人の補陀落渡碑にも線刻の阿弥陀三尊早来迎像がある。ひるがえって考えてみると、「那智参詣曼荼羅」に描写された補陀落渡海の絵像は、決して一隻だけの渡海船ではなく、どの「那智参詣曼荼羅」の諸本でも一様に三船形態である。この「三」隻の船こそが意味を持つ船であった、と推定してまず間違いない。

このように「那智参詣曼荼羅」の補陀落渡海の絵像と『那珂湊補陀洛渡海記』の記述は基本的に一致する。渡海船を軸に第二、第三船が連なる補陀落渡海の形態は、広く中世末期における補陀落渡海の普遍的形態であったことを物語っている。

補陀落渡海船と入定

『那珂湊補陀洛渡海記』や「那智参詣曼荼羅」に描写された補陀落渡海船は、中央に大きな帆を立てた屋形船であり、その周囲には四つの鳥居と卒塔婆《そとば》で組まれた忌垣《いがき》があった。念を押すと、補陀落渡海船の最も大きな特徴は、船の四方に四基の鳥居を立て、その鳥居の間に忌垣を連結している点である。確認すると、この鳥居は日本葬制上でいわれる殯《もがり》の四門《しもん》でもあり、忌垣は「四十九院」と呼ばれるものであった。

渡海船の四門と四十九院との関連については、日秀上人の入定《にゅうじょう》について語る『開山日秀上人行状記』（『神社調』）の一節でも、よりいっそう明瞭になってくる。それは「入定の事、……三光院の丑寅《うしとら》の方に当りに、巌上の平地に方一間の定を立て、定中に石座を布し、四壁を塗り籠め四十九院を書く。定の東に方二寸の円窓有り、是は明星を拝せんがため也」とある。つまり日秀は入定室の内部に四十九院を書いていたのである。いや立体的に造っていたのであろう。このように補陀落渡海僧日秀がみずから造った四十九院の例証を勘案すると、「那智参詣曼荼羅」に見える補陀落渡海船の忌垣が、墓上装置としての四十九院であったことは確定的である。

もっと踏み込んでいうならば、補陀落渡海船それ自体が入定室を表徴するものであり、渡海船に乗り込むこと自体が入定を表すことであった、といってよい。その意味において日秀上人は、まず補陀落渡海船に入定し、晩年にはまた石室に入定をおこない、二つの入定を実践したことになるだろう。

補陀落渡海船の帆文字

「那智参詣曼荼羅」に描かれた渡海船の帆には、さまざまな文字が記されている。最も多いのは一行書の「南無阿弥陀仏」である。その他、「南無阿弥陀仏　補陀楽舟」の三行書、「南無阿弥陀仏」、「観音丸」などがある。

明治期の神仏分離政策に遭遇した「那智参詣曼荼羅」もあったようで、それらの諸本には明らかに仏教語としての「南無阿弥陀仏」は抹消された痕跡がある。帆文字として「南無阿弥陀仏」が多いのは、一見、観音補陀落信仰とは矛盾するようであるが、『那珂湊補陀洛渡海記』には「補陀安養は一国の異名、弥陀観音は一仏の因果」と見え、安養（阿弥陀）と補陀（観音）は一国の異名と解釈している。補陀落往生は実質的に阿弥陀の脇侍である観音が差し出す蓮台（船）に乗り、まずは補陀落世界に渡ることであった。

注目されるのは、岡山武久家本、および、吉田家本「那智参詣曼荼羅」に描かれた渡海船の帆文字である。すなわち、武久家本には「南無阿弥陀仏、妙法蓮華経序品第一、妙法

図28　補陀落渡海船の帆文字（武久家本「那智参詣曼荼羅」より、武久品子所蔵）

蓮華経第八、南無千手□□、補陀楽山渡海行者」とあり、吉田家本には「妙法蓮華経序品第一、南無阿弥陀仏、妙法蓮華経巻八、南無千手千眼、十方諸檀那等、三界万霊、南無熊野三所権現補陀洛船」とある。「妙法蓮華経序品第一」は、『法華経』の総序にあたり、その内容は釈迦以前に『法華経』を説いた二万の日月燈明仏と、その第八王子であった燃燈仏の放光奇瑞を説く段である。「法華経序品第一」の内容と補陀落渡海がどのような関係にあるのか早急には決定し難い。ただ日月燈明仏と燃燈仏は、いわゆる過去仏であり、補陀落渡海者に過去仏信仰者がいたことを示唆している。その点、日秀上人が大通智勝如来という過去仏の信仰者であったことが注目される。

「妙法蓮華経第八」の帆文字は、『法華経』「観世音菩薩普門品」を指していることは間違いない。普門品は観音のさまざまな功徳を説く一段であり、観音に対する信仰表出である補陀落渡海の教義的典拠を提示している。「南無千手千眼」は熊野那智山の本地仏である千手観音を指していることは疑いなく、また「南無熊野三所権現補陀洛船」の帆文字は、伝統的な補陀落渡海の本拠地が熊野にあったことを力強く示している。

このように「那智参詣曼荼羅」に描かれた補陀落渡海船の帆文字に『法華経』の特定品が書かれていることは、補陀落渡海の思想的背景に『法華経』があり、その渡海の実践者の多くが法華行者でもあったことを何よりも証明しているだろう。

葬場における四門

『那珂湊補陀洛渡海記』が説明する渡海船の記述は、あたかも「那智参詣曼荼羅」に描かれた補陀落渡海の絵像を目の前で絵解きするかのように、渡海船の各部分の構造に説明をほどこしている。特に渡海船に四門が設けられていたと述べる本文は重要である。補陀落渡海船に四門が造られていたことは、補陀落渡海そのものが、死を意識したもの、あるいは死を覚悟した実践行であったことを反映したものであろう。つまり、ここにいう四門は現今の葬墓習俗としての殯《もがり》に原型があり、葬儀書の一つ『修験道無常用集』（上巻）にも四門を配した墓所図を収載している。また、延慶本《えんぎょうぼん》『平家物語』（第一本）「延暦寺と興福寺額立論事」は、二条天皇崩御の墓送り作法で二ヵ寺が額打《がくうち》の順序を争った話であるが、本文に「我寺々の験《しるし》には神を立、額を打つ」とあり、これも葬場において発心門・修行門・菩提門・涅槃門の四門額を打つことであった。江戸時代の『譬喩尽《たとえづくし》』（七巻）にも、「四門」について「発心門・修行門・菩提門・涅槃門と云々、火葬の火屋の四方の額を打つ」と説明するように、四門はまた葬場における装置を示すものであった。

戦国武将の葬送と四門

天文十九年（一五五〇）五月の将軍足利義晴の葬送記『万松院殿穴太記《あのうき》』によると、柩《ひつぎ》の周囲に高さ二間の鳥居があった。そして、「四方に額を打たり。東は発心門、南は修行門、西は菩提門、北は涅槃門、真中に火屋有り」と記述している。ずいぶん大きな四門であったことがわかる。

天正十年（一五八二）十月十五日の織田信長の葬儀記録『総見院殿追善記』を見ると、やはり棺の周囲には四門が造られていた。「四門の幕、白綾、白段子《どんす》、方百二十間の中、火屋あり」とある。織田信長の葬儀記録はあまり詳しくないが、それでも諸人の目を驚かす派手なものであった。四門の構造や大きさは不明であるが、四門には白綾・白緞子の幕が巻かれていた。葬儀には豊臣秀吉をはじめ、洛中洛外の禅律僧が集まり、「五色の天蓋《てんがい》は日にかがやき、一様の旗は風に翻り、沈水《じんすい》の煙りは雲の如く、澄明の光は星に似たり。供物盛物、亀石造花に至るまで七宝荘厳」の豪華な葬儀であった。

島津忠良の往生の企て

中世末期の戦国武将の中で、生前に派手な葬儀をやってのけた武将があった。薩摩国の島津忠良《ただよし》（日新斎）である。すなわち、『日新菩薩記』（晩年臨終追善之事）によれば、天文二十年（一五五一）十月、島津忠良六十一歳のときであった。薩摩加世田荘でおこなわれた島津忠良・日新斎還暦の擬死再生の葬儀であった、といってよいだろう。彼はあらかじめ回し文の高札を各所に建て、その施行の月日を示し、荼毘《だび》場において「空龕《くうがん》」を火葬することを告知した。『日新菩薩記』は、これを「生き荼毘、往生の企て」と表現している。まことに的を得た言葉である。

十月十九日、殯葬《ひんそう》がおこなわれ、葬具という葬具はみな金銀・珊瑚《さんご》・真珠で飾られていた。龕はやがて山の荼毘所に送られることになり、その途中の路地には菰《こも》・筵《むしろ》の敷物が続いていた。越中国立山の布橋灌頂《かんじょう》で敷かれる白布が延々と伸びている光景と重なる。白布ならぬ薦席《せんせき》（菰・筵）であったことは、いかにも中世的である。

俄然、注目されるのは、荼毘所にいたると、そこには四門の鳥居があり、東の発心門は青緞子、南の修行門は赤、西の菩提門は白、北の涅槃門は黒緞子が捲き包まれていたという。規模はともかく、戦国期の葬儀の在り方を物語るよき一例である。補陀落渡海僧日秀は、この島津忠良の生き荼毘・往生の企てを実際に見たかもしれない。時代的にも場所的にも状況が合致するからである。

補陀落渡海船に造られた四門と四十九院は、右に見てきたような葬儀や葬具の中世的形態を残している。そして、補陀落渡海船そのものが墓所や棺台《ひつぎだい》と同一視されていた。熊野地方で補陀落渡海船を「こつふね」（骨船）と呼んだ、というのも通常の船ではなかったことを表している。したがって、補陀落渡海船は実質的に遺体を入れる棺の機能を持っていた、といわねばならない。

青海原への憧憬――エピローグ

熊野の色彩と生命感

多くの人びとを魅了し続けてきた補陀落渡海《ふだらくとかい》。その出船基地となつた熊野《くまの》那智《なち》の海岸を訪れた藤原宗忠《ふじわらのむねただ》は、『中右記《ちゆうゆうき》』に次のように書き残していた。ここは白砂が平らに続く所、南海に向かい、地形、勝絶なりと。

那智の海は、いつでも青く、緑であり、そして群青と藍色に広がり、透明に輝いている。若山牧水は海上の空を飛ぶ鷗《かもめ》を「白鳥《しらとり》はかなしからずや空の青、海の青にも染まずただよう」と詠んだ。白と青と海の色との色彩的印象を油絵のように詠んだ一首である。自然の海は、形・色・香りとともに、大人にも、子どもにも、人間としての生命感を醸し出す。補陀落渡海僧は、那智の海岸にたたずみ、どんな詩と歌を声に出したのであろうか。

そんな想いをめぐらすとき、自然にまた体の中から童謡が聞こえてくる。

一、うみはひろいな　おおきいな
　　つきがのぼるし　日がしずむ
二、うみはおおなみ　あおいなみ
　　ゆれてどこまで　つづくやら
三、うみにおふねを　うかばして
　　いってみたいな　よそのくに

林柳波作詞・井上武士作曲の「うみ」の歌詞である。木造の薄暗い小学校の教室で、先生が一生懸命に足で踏んで音を出すオルガンに合わせて、みんなが歌っていた。児童たちの声は甲高《かんだか》く、瞳かがやく丸い顔はすこぶる明るかった。日本の美しい歌であり、想い出の唱歌であり、誰もが郷愁をいだく歌であろう。

「うみにおふねを、うかばして、いってみたいな、よそのくに」。平安期の人びとも、このように思っていた。「よそのくに」。それは「ふだらく」と呼ばれた理想郷であった。

ふだらく・ふだらくせん・ふだらくとかい。これらを漢字で表記すると「補陀落」「補陀落山」「補陀落渡海」になるという。その他、いろいろな表記法があるというが、ただなんとなく「ふだらく」と平仮名であらわすと、丸みをおびた可憐ささえ感じる「言葉」である。「補陀落世界」。それは、常緑の木や光明と芳香を放つ花々に包まれた世界に観音菩薩がいます浄土であった。人びとはそのような楽土を組み立てた。補陀落世界は、果てしなく遠い海の南の向こうにあるといい、それを信じ切った人びとは、観音浄土に往生を願い、小舟をしたてて大海に身をあずけた。これが補陀落渡海と呼ばれた行為であった。生きながら補陀落浄土を目指し黒潮の海に身と心をゆだねたのである。特急でもない、急行でもない、一波ごとに進む鈍行《どんこう》の「補陀落行き」であった。

胎内からの南方往生

補陀落渡海は日本特有の宗教現象であったという。日本人の「この国」からの脱出であり、「この国」からの亡命でもあっただろう。どう考えても達成の見通しがない一種の宗教的自殺に等しい自死であったと人はいうだろう。その意味においては補陀落渡海は、日本社会に見られた常識を越えた狂躁的な宗教現象であったといわざるを得ない。

しかし、ここには強烈な「生」が裏打ちされていた。観音信仰の完結者として補陀落渡海を試みた人びとは、むしろ捨て身の行為の中に強い「生」への動機と意識を持っていた。彼らが乗った小さな屋形船は、周囲が釘で打ち付けられた脱出不可能な空間であり、日輪・月輪の微小の光りさえ遮断された暗黒の箱である。足も自由に伸ばせないまま「渡海人」は膝を両手で抱え込んで身体を丸め、まるで赤ん坊が母親の胎内にいるような格好であったであろう。でもその型は、やがて母親の胎内から飛び出すような「生」を表徴するものであった。

人間の生涯を科学的にいえば、死に往く一生（往死の一生）であるが、それを現実的な生まれに往く一生（往生の一生）と切り替え、阿弥陀浄土の「西方往生」よりもいち早く観音浄土の「南方往生」を企てたのが補陀落渡海であった。

末世観の深化と補陀落渡海

補陀落渡海は文献上の制約があるものの、平安時代の九世紀半ばを嚆矢《こうし》とし、その後、中世に入って戦国時代の十六世紀に隆盛を迎えた。しかも十八日を意識しておこなわれた。十八日は観音の縁日・功徳《くどく》日である。この日に渡海すれば、かならずや補陀落世界に到着できるだろう、あるいは往生するだろうという意識が働いていたに違いあるまい。平安時代に浄土信仰がたかまるにつれて大流行した焼身往生が、毎月の十五日、すなわち阿弥陀の縁日におこなわれたことと鮮やかな対比を見せながら実践された。

また、戦国期の補陀落渡海は、たとえば享禄四年（一五三一）常陸国那珂湊《なかみなと》から出船した高海上人には、都合二十二人が同行したように集団による補陀落渡海が多かった。一五六二年発信の「ビレラ書簡」に見えた摂津国堺の補陀落渡海には、七人がともない、一五六五年発信の「フロイス書簡」に見えた伊予国堀江の補陀落渡海には男子六人・女性二人が乗船していた。こうした集団による補陀落渡海には、世直し的な意味があっただろう。

さらに戦国期に隆盛した補陀落渡海の背景には、「高き年」「中の年」「低き年」（「ビレラ書簡」）と翻訳された民衆の声があり、これは、それぞれ「正法《しょうぼう》」「像法《ぞうほう》」「末法《まっぽう》」という仏教の三時の思想を指していることは疑いない。当時の民衆社会には平安期に続く第二次的な末法意識が定着しており、補陀落渡海が末法という仏教の衰退史観にともなって誘発された宗教現象であったことも垣間見せている。

平安時代の阿弥陀信仰が東の風を受けて西へ向かい、「山越阿弥陀図《やまごえのあみだ》」のように山岳信仰に支えられていたとすれば、室町時代の観音信仰は、北風を受けて南へ向い、「那智参詣曼荼羅」の絵図に見られるような海洋宗教に支えられていた。

補陀落渡海には日本の海上を他界と見る基層文化と、それにともなう水葬と入水往生の二面性があるといってよいだろう。このような性格は、補陀落渡海の船が原初的な葦舟《あしぶね》・籠舟《かごぶね》・土舟《つちぶね》であり、また、仏教教義によって荘厳された船においても遺体を乗せる殯《もがり》船《ぶね》・柩船《ひつぎぶね》の機能があったように、日本人の葬送民俗が反映していたところに表われている。

動き出す熊野の人びと

十六世紀は世界航海の時代である。海の世界が注目の的になった。世界の人びとが海に向かって動き出した。理想と現実の境界を突き破る大きな波が十六世紀に打ち寄せるようになっていたのである。補陀落渡海の最大の基地であった熊野の人びとも、内から外へ向かって動きだした。渡海上人はむろん、熊野山伏も熊野比丘尼たちも熊野という内から諸国という外に向かって勧進と絵解きを展開するようになったのも十六世紀の社会であった。

補陀落渡海を猟奇的に見るのは正しくないだろう。たしかに補陀落渡海は、誰もが欣喜《きんき》雀躍《じゃくやく》を禁じ得ない行動である。だが、現身《うつしみ》を船形の棺に納め、大海原に飛び出す補陀落渡海は、やはり信仰の一念に支えられた観音に対する実践的な信仰表出であった。この一連の行動は、人間の「生」と「死」の自覚が希薄になった現代人に背筋を伸ばせと問いかけているように思われる。

紀州の青海原を見ると、私はまた「みかんの花が、咲いている、おもいでの道、丘の道、はるかに見える、青い海、お船が遠く、かすんでる」という唱歌を歌いだしたくなる。そして、真っ青で、真っ白な人間性を取り戻したい心境にかられている。

あとがき

平成四年（一九九二）十一月十八日、熊野三山協議会の主催・企画で、三隻の補陀落渡《ふだらくと》海船《かいせん》を那智《なち》湾に放流した。補陀落渡海船といっても、五〇《チセン》前後のミニ渡海船である。船底に「この船は、南海の浄土をめざした補陀落渡海の放流実験用（復元模型）です。着岸しているのを拾得された方は、下記までご連絡をお願いします」（日本語文と英語文）と書いたメッセージを貼り付けて流した。

情報によれば、一隻は伊豆半島沖の新島《にいじま》に漂着し、一隻は和歌山県古座町田原の海岸に流れ寄っていたという。もう一隻は行方不明である。行方不明となっている「モデルシップ」は、いったい何処を漂流しているのであろうか。海の藻屑《もくず》となって消えたのか、それとも補陀落世界に漂着し、観音菩薩と一緒に暮らしているのでのであろうか。観音菩薩の縁日である十八日を選んで出帆したのに、まだ返事が届かない。

本書は日本宗教史の謎といわれる補陀落渡海について整理したものである。平成十一年に上梓した『補陀落渡海史』を見直し、新しい項目を設けて書いてみた。前著については、読売新聞編集委員の芥川喜好《あくたがわきよし》氏からは「補陀落渡海にかけた先祖たち」という見出しで論評を書いてもらい、翻訳家の大森洋子氏からも「海のあなたの水遠く」として短評を寄せてもらった。それから八年の歳月が流れた。補陀落渡海は「南方熊楠《みなみかたくまぐす》から井上靖《いのうえやすし》まで、多くの学者や文学者を魅了し、彼らの想像力を刺激し続けてきた言葉」（芥川喜好氏評）であるが、はたして補陀落渡海は日本特有の宗教現象であったのか疑問は尽きない。まだまだ課題は山積しており、いつまでも満足し得ないものがある。

執筆依頼を受けたのは平成十七年一月であった。この年内に書き上げたいと意気込んだ返事をしたものの、身上の変化、友人の訃報に加え、不健康な深夜の執筆が続き期日を超過してしまい、吉川弘文館編集部の一寸木紀夫《ますきのりお》氏には多大な迷惑をかけてしまった。輪をかけて、不必要に長く締まりのない本書の構成も整理してもらった。また、仕納めの編集、面倒な図版の割り付けなどに、やはり同編集部の伊藤俊之氏の手を煩わした。

「言《い》い訳《わけ》はやめよ」「泣《な》き言《ごと》は書くな」と、きょうもまた、夜明けを迎えた雀のヤツらのチュンチュンという叱責がやかましい。

最後に臨み、木目《きめ》こまやかな手際をみせてもらった一寸木氏と伊藤氏にあらためて深謝の念を捧げたい。

平成十九年（二〇〇七）六月

根　井　浄

著者紹介

一九四九年、宮崎県に生まれる

一九七九年、大谷大学大学院文学研究科博士課程修了

現在、龍谷大学文学部教授、博士(文学)

主要著書

補陀落渡海史　修験道とキリシタン　熊野比丘尼を絵解く(共編著)　熊野本願所史料(共編著)

歴史文化ライブラリー
250

観音浄土に船出した人びと

熊野と補陀落渡海

二〇〇八年(平成二十)三月一日　第一刷発行

著　者　根《ね》井《い》浄《きよし》

発行者　前田求恭

発行所　株式会社　吉川弘文館

東京都文京区本郷七丁目二番八号

郵便番号一一三―〇〇三三

電話〇三―三八一三―九一五一〈代表〉

振替口座〇〇一〇〇―五―二四四

http://www.yoshikawa-k.co.jp/

印刷＝株式会社 平文社

製本＝ナショナル製本協同組合

装幀＝清水良洋・河村誠

歴史文化ライブラリー

1996.10

刊行のことば

現今の日本および国際社会は、さまざまな面で大変動の時代を迎えておりますが、近づきつつある二十一世紀は人類史の到達点として、物質的な繁栄のみならず文化や自然・社会環境を謳歌できる平和な社会でなければなりません。しかしながら高度成長・技術革新にともなう急激な変貌は「自己本位な刹那主義」の風潮を生みだし、先人が築いてきた歴史や文化に学ぶ余裕もなく、いまだ明るい人類の将来が展望できていないようにも見えます。

このような状況を踏まえ、よりよい二十一世紀社会を築くために、人類誕生から現在に至る「人類の遺産・教訓」としてのあらゆる分野の歴史と文化を「歴史文化ライブラリー」として刊行することといたしました。

小社は、安政四年（一八五七）の創業以来、一貫して歴史学を中心とした専門出版社として書籍を刊行しつづけてまいりました。その経験を生かし、学問成果にもとづいた本叢書を刊行し社会的要請に応えて行きたいと考えております。

現代は、マスメディアが発達した高度情報化社会といわれますが、私どもはあくまでも活字を主体とした出版こそ、ものの本質を考える基礎と信じ、本叢書をとおして社会に訴えてまいりたいと思います。これから生まれでる一冊一冊が、それぞれの読者を知的冒険の旅へと誘い、希望に満ちた人類の未来を構築する糧となれば幸いです。

吉川弘文館

〈オンデマンド版〉
観音浄土に船出した人びと
熊野と補陀落渡海

On Demand
歴史文化ライブラリー
250

2019年（令和元）9月1日　発行

著　者　根《ね》井《い》　浄《きよし》
発行者　吉川道郎
発行所　株式会社　吉川弘文館
〒113-0033　東京都文京区本郷7丁目2番8号
TEL　03-3813-9151〈代表〉
URL　http://www.yoshikawa-k.co.jp/

印刷・製本　大日本印刷株式会社
装　幀　清水良洋・宮崎萌美

根井　浄（1949～）

ISBN978-4-642-75650-1